Tobias Karpf

Kundenorientierte Qualitätsentwicklung in der Heimerziehung

Eine Untersuchung von Indikatoren der Qualität stationärer Jugendhilfe als Voraussetzung eines erfolgreichen Qualitätsmanagements nach Zertifizierungsverfahren wie der DIN EN ISO 9000 ff

QUALITÄT UND QUALITÄTSSICHERUNG IN DER SOZIALEN ARBEIT

Herausgegeben von Rolf Ebeling

Tobias Karpf

KUNDENORIENTIERTE QUALITÄTSENTWICKLUNG IN DER HEIMERZIEHUNG

Eine Untersuchung von Indikatoren der Qualität stationärer Jugendhilfe
als Voraussetzung eines erfolgreichen Qualitätsmanagements nach
Zertifizierungsverfahren
wie der DIN EN ISO 9000 ff

ibidem-Verlag
Stuttgart

Bibliografische Information Der Deutschen Bibliothek

Die Deutsche Bibliothek verzeichnet diese Publikation in der Deutschen Nationalbibliografie; detaillierte bibliografische Daten sind im Internet über <http://dnb.ddb.de> abrufbar.

∞

Gedruckt auf alterungsbeständigem, säurefreien Papier
Printed on acid-free paper

ISBN: 3-89821-385-4

© *ibidem*-Verlag
Stuttgart 2004
Alle Rechte vorbehalten

INHALTSVERZEICHNIS

ABKÜRZUNGSVERZEICHNIS

BAGLJÄ	:	Bundesarbeitsgemeinschaft der Landesjugendämter
BMFSFJ	:	Bundesministerium für Familie, Senioren, Frauen und Jugend
bspw.	:	beispielsweise
d.h.	:	das heißt
DIN	:	Deutsches Institut für Normung
DIN EN ISO	:	Normenreihe DIN EN ISO 9000:2000, 9001:2000 und 9004:2002
EFQM	:	European Foundation for Quality Management
EN	:	Europäische Norm
Hrsg.	:	Herausgeber/Herausgegeben
ISO	:	International Organisation for Standardization
i.V.m.	:	in Verbindung mit
Jg.	:	Jahrgang
KGSt	:	Kommunale Gemeinschaftsstelle für Verwaltungsvereinfachung
KJHG	:	Kinder- und Jugendhilfegesetz / Achtes Buch Sozialgesetzbuch
LVR	:	Landschaftsverband Rheinland
LWL	:	Landschaftsverband Westfalen-Lippe
NRW	:	Nordrhein-Westfalen
o.J.	:	ohne Jahr
o.S.	:	ohne Seite
S.	:	Seite
SBW	:	Sozialpädagogisch Betreutes Wohnen
SGB	:	Sozialgesetzbuch
sog.	:	sogenannte/r/s
StGB	:	Strafgesetzbuch
u.a.	:	und andere
usw.	:	und so weiter
vgl.	:	vergleiche
z.B.	:	zum Beispiel

1. Einleitung

Kaum ein anderes Thema ist in den letzten Jahren in der Sozialen Arbeit so präsent wie das des Qualitätsmanagements und diesbezüglicher Inhalte. Auch im Bereich der Heimerziehung stand z.b. die Erstellung von gruppen- und einrichtungsspezifischen Leistungsbeschreibungen im Raum, welche viel Kopfzerbrechen über Sinn und Inhalt derselben bzw. des darin beschriebenen, alltäglichen pädagogischen Vorgehens bereitete. Dies entsprach der in § 78b und c KJHG enthaltenen Forderung nach Abschluß von Leistungsvereinbarungen infolge der Novellierung des § 78 zum 01.01.1999. Da § 78b außerdem den Abschluß einer Qualitätsentwicklungsvereinbarung vorschreibt, ist dies Anlaß genug, sich detaillierter mit dem Thema der Qualitätsentwicklung speziell in der Heimerziehung auseinanderzusetzen.

Inhaltlich bezieht sich diese Untersuchung auf den 'Regelverlauf' einer Hilfe zur Erziehung nach § 34 KJHG 'Heimerziehung, sonstige betreute Wohnform', teils auch i.V.m. § 41 KJHG bei Unterbringung junger Volljähriger, und auf die entsprechenden Angebote der Betreuung im Schichtdienst. Nicht explizit behandelt werden in Verbindung mit § 34 KJHG erbrachte Leistungen nach §§ 35 und 35a KJHG oder solche nach anderen Gesetzen wie z.B. nach dem Bundessozialhilfegesetz oder nach dem Jugendgerichtsgesetz. Auch Hilfen zur Erziehung nach §§ 28 - 32 KJHG, die bisweilen von Einrichtungen angeboten werden, oder Leistungen heimeigener Beschulung und Ausbildung bleiben hier außer Acht, um die Komplexität und Diversifikation an Methoden und Formen von Einrichtungen und Gruppen auf ein behandelbares Maß zu reduzieren.

Beginnend in Kapitel 2 soll zunächst auf grundlegende Aspekte rechtlicher und statistischer Art der Heimerziehung eingegangen werden. Ebenso erfolgt eine Beschreibung der Klientel, der Familien und deren Umfeld sowie der verschiedenen Angebotsformen.

Kapitel 3 dient der Darstellung der Rahmenbedingungen der Qualitätsdebatte und der Qualitätsentwicklung in der Heimerziehung. Es beinhaltet die Erläuterung zentraler Aspekte der Qualitätsentwicklung, d.h. des Qualitätsbegriffs, des Qualitätsmanagements, des Kundenverständnisses, der Definition von Qualitätszielen und der Meßbarkeit der Zielerreichung, sowie damit verbundene Problematiken. Zudem sollen in der Literatur oder im Rahmen der Qualitätsdebatte uneinheitlich verwendete Begriffe

- zumindest für den Rahmen dieser Untersuchung - geklärt werden. So auch das Kundenverständnis, das hier auf Jugendliche, Personensorgeberechtigte und Jugendämter beschränkt bleiben soll.

Im 4. Kapitel wird die konkrete Umsetzung der kundenorientierten Qualitätsentwicklung im Heimalltag behandelt. Ausgehend von Qualitätszielen der Heimerziehung allgemeiner und einrichtungsspezifischer Art werden zunächst strukturelle Voraussetzungen und Leistungen insbesondere der Leitung und der Verwaltung einer Einrichtung dargestellt. Dem schließt sich eine detaillierte Beschreibung prozessualer Qualität sozialpädagogischer und psychologischer Leistungen im Einzelfall, im Gruppenalltag und in Bezug auf die Personensorgeberechtigten an, wobei auch strukturelle Qualitätskriterien von Verfahrens- und Alltagsroutinen beschrieben und damit verbundene Qualitätsziele genannt werden. Zudem wird die Frage nach Meßgrößen und Analyseinstrumenten bezüglich der jeweiligen Struktur-, Prozeß- und Ergebnisqualität gestellt, um letztlich in der Praxis Wirkungen, und auch Nebenwirkungen, von Interventionen und Betreuungsansätzen im Einzelfall und einzelfallübergreifend erkennen, beurteilen und bewerten zu können.

Aufgrund des Einflusses eigener Ideen und Erfahrungen des Verfassers sowie der kritischen Übernahme von Anregungen und Praktiken aus der gesichteten Literatur ist diese Untersuchung auch als Vorschlags- und Ideensammlung zur Umsetzung als sinnvoll betrachteter Strukturen und Prozesse zu sehen. Die Erprobung müßte dabei bisweilen erst in der Praxis erfolgen und zu einer entsprechenden Auswahl führen. Dies betrifft auch Indikatoren und Instrumente zur Analyse der Struktur-, Prozeß- und Ergebnisqualität.

In formeller Hinsicht und zum besseren Verständnis noch folgende Hinweise: Der Lesbarkeit wegen wird nur die maskuline Form bei Personenbeschreibungen verwendet; Frauen sind dabei stets gedanklich einbezogen. Zur Beschreibung aller betreuten 'jungen Menschen' unter 27 Jahren (vgl. § 7 KJHG) soll der Kürze wegen die Formulierung 'Jugendliche' genügen. Soweit von 'Eltern' der Jugendlichen die Rede ist, sind alle Personensorgeberechtigten gemeint. Aufgrund der Vielfalt des Trägerbegriffs sollen öffentliche Jugendhilfeträger bzw. deren Mitarbeiter nur als 'Jugendämter', freie Träger oder Einrichtungen in öffentlicher Trägerschaft als 'Einrichtungen', und Trägervereine oder Dachverbände als solche bezeichnet werden. Bei Zitaten aus dem SBG VIII - Achtes Buch Sozialgesetzbuch – wird das Synonym 'KJHG' verwendet.

2. Heimerziehung

Hervorgegangen aus Waisenhausanstalten mit den vorrangigen Zielen der Rettung, Besserung und Zwangserziehung änderte sich das Gesicht der Erziehung im Heim erst nach dem Zweiten Weltkrieg durch die SOS-Kinderdorfbewegung. Ihr war es zu verdanken, elternlosen Kindern in familienähnlichen Formen ein wirkliches Zuhause geben zu wollen. Hinzu kam Ende der 60er Jahre die sog. Heimkampagne mit ihren Forderungen nach Abschaffung repressiver Erziehungsmethoden, verringerten Gruppengrößen und Abschaffung stigmatisierender Merkmale. Dies führte bis heute zu Entwicklungen in der Heimerziehung, die sich als *Dezentralisierung* und *Regionalisierung* von Einrichtungen, funktionale *Entinstitutionalisierung* und *Entspezialisierung* inklusive Abschaffung gruppenergänzender Dienste, als eine damit verbundene *Professionalisierung* der pädagogischen Fachkräfte und eine *Individualisierung* der Betreuungsarrangements beschreiben läßt.[1] Somit stellt sich Heimerziehung "heute als ein vielfältiges Konglomerat unterschiedlicher, oftmals dezentraler Formen der Betreuung, mit unterschiedlichen konzeptionellen Ansätzen und Ausformungen dar"[2], welches im Folgenden detaillierter beschrieben werden soll.

2.1. Rechtliche Einordnung und aktuelle Situation

Heimerziehung nach § 34 KJHG stellt eine der möglichen Hilfeformen nach §§ 27 – 41 KJHG dar. Eine Hilfe zur Erziehung ist nach § 27 KJHG dann angezeigt, "wenn eine dem Wohl des Kindes oder des Jugendlichen entsprechende Erziehung nicht gewährleistet ist." Dabei liegt der Anspruch auf Hilfe bei den Personensorge-berechtigten und "Art und Umfang der Hilfe richten sich nach dem erzieherischen Bedarf im Einzelfall." Darin zeigt sich einerseits der im KJHG verankerte Dienstleistungsgedanke in Form der Unterstützung je nach spezifischen Belangen, Wünschen und Situationen der Jugendlichen und ihrer Eltern.[3] Andererseits wird deutlich, daß es sich um "fallbezogene Leistungen" handelt, die meist als "uneinge-schränkte Pflichtaufgaben" durch das Jugendamt zu gewährleisten sind.[4]

---

[1] Vgl: Gehres 1997: 13-16. Günder 2000: 15, 20-23.
[2] BMFSFJ 2002: 135.
[3] Vgl: Finkel/Hamberger 1998a: 64.
[4] KGSt 1993: 21.

Speziell unter Heimerziehung versteht der Gesetzgeber gemäß § 34 KJHG eine "Hilfe zur Erziehung in einer Einrichtung über Tag und Nacht", die "Kinder und Jugendliche durch eine Verbindung von Alltagserleben mit pädagogischen und therapeutischen Angeboten in ihrer Entwicklung fördern" soll. "Sie soll entsprechend dem Alter und Entwicklungsstand des Kindes oder des Jugendlichen sowie den Möglichkeiten der Verbesserung der Erziehungsbedingungen in der Herkunftsfamilie

1. eine Rückkehr in die Familie zu erreichen versuchen oder

2. die Erziehung in einer anderen Familie vorbereiten oder

3. eine auf längere Zeit angelegte Lebensform bieten und auf ein selbständiges Leben vorbereiten."

Heimerziehung ist folglich ein "familienersetzendes Angebot"[5], das i.V.m. § 27 KJHG vor allem dann gewährt wird, wenn das familiäre Umfeld eine solch gravierende Problemkumulation aufweist und/oder die Komplexität der kindlichen Problemlage so groß ist, daß ohne Unterbringung an einem anderen Ort von einer massiven Kindeswohlgefährdung ausgegangen werden muß. Dies bedeutet, daß das Jugendamt unter Umständen gegen den Willen der Eltern *und* des Kindes dieses aus der Familie herausnehmen muß.[6] Auch aufgrund der Vielgestaltigkeit kann 'Heimerziehung' deshalb nur noch als "konzeptioneller Begriff" verwendet werden, der meint, daß "Jugendliche [...] an einem anderen Ort als in der Ursprungsfamilie zeitweilig oder langfristig erzogen werden sollen und diese Erziehung aus organisatorischen oder pädagogischen Gründen im Kontext der Betreuung mehrerer Kinder und Jugendlicher geschehen soll [...und] daß mehr als eine professionelle Betreuungsperson [...] mit einem sozialpädagogischen Auftrag zur Erziehung [...] zur Verfügung steht."[7]

Statistisch betrachtet wurde zum 31.12.2000 bundesweit 69.723 jungen Menschen Hilfe zur Erziehung nach § 34 KJHG gewährt, davon 57.651 in einem Heim.[8] Aufgrund von "Fortschreibungsfehlern"[9] erscheint hinsichtlich der zahlenmäßigen Entwicklung nur ein Vergleich mit dem Stand zum 31.12.1995 sinnvoll, welcher

---

[5] BMFSFJ 2002: 132.
[6] Vgl: Maykus 2000: 163. Post 2002: 39–40.
[7] Hamberger 1998a: 37; zitiert Münstermann 1990: 24.
[8] Statistisches Bundesamt 2002: 7.
[9] Pothmann/Schilling 2002: 18.

einen minimalen Rückgang der Fallzahlen von 1995 zu 2000 um 0,35 % und damit eine Stagnation aufzeigt.[10] Heimerziehung erreicht entgegen ihrem eher schlechten Ruf bezüglich einer individuellen Gesamtbilanz bei 70,6 % der betreuten Jugendlichen, bei Einhaltung fachlicher Standards sogar bei 90 % derselben eine "positive" oder "in Ansätzen positive" Entwicklung. Deshalb kann sie zurecht als eine für viele Jugendliche notwendige und richtige Hilfe bezeichnet werden.[11]

2.2. Klientel

Betrachtet man die Klientel der Heimerziehung nach demographischen Gesichtspunkten, so läßt sich feststellen, daß bundesweit zum 31.12.2000 von allen Jugendlichen 57,6 % männlichen und damit 42,4 % weiblichen Geschlechts waren; der Anteil der nichtdeutschen Jugendlichen betrug 8,2 %. Ein Blick auf die Altersverteilung zeigt, daß Kinder unter 9 Jahren nur 8,6 %, unter 12 Jahren lediglich 20,5 % aller Jugendlichen in Heimerziehung stellten.[12] Dies hängt damit zusammen, daß im Vergleich der Jahre 1991, 1997 und 1999 die Anzahl neu aufgenommener Kinder unter 9 Jahren deutlich abgenommen hat, während diese vor allem bei Jugendlichen zwischen 12 und 17 Jahren stark zugenommen hat.[13] Hierin spiegelt sich ein Dilemma der Heimerziehung wider, daß nämlich heute aufgenommene Jugendliche mit zunehmendem Alter oft schon mehrfache Wechsel ambulanter Hilfen, familiärer Orte, Pflegeverhältnisse und Heimunterbringungen erleben mußten und die dementsprechenden negativen Folgen des Scheiterns und der Unbeständigkeit mit sich bringen. Dies äußert sich in größeren persönlichen Problemen und Schwierigkeiten, welche sich durch Aufnahme im problemreichen Pubertätsalter noch verstärken können.[14]

Ein Vergleich zwischen Hilfen nach §§ 28, 30 - 32 und 34 KJHG und diesbezüglich betreuter Kinder in der sog. Jugendhilfe-Effekte-Studie hat gezeigt, daß Kinder bei Aufnahme in Heimerziehung "die schwierigste Problematik und höchste Symptom-

---

[10] Statistisches Bundesamt 2002: 7. Vgl: Janze 1999: 44; zitiert Statistisches Bundesamt 1997: o.S.; Berechnung des Verfassers.

[11] Hamberger 1998b: 229, 236; teils Berechnung des Verfassers.

[12] Vgl: Statistisches Bundesamt 2002: 7; Berechnung des Verfassers.

[13] Vgl: BMFSFJ 2002: 350; zitiert Statistisches Bundesamt 2001d: o.S.. Janze 1999: 45; zitiert Statistisches Bundesamt 1992 und 1999: o.S..

[14] Vgl: Baur/u.a. 1998: 26. Günder 2000: 29, 34. Hamberger 1998b: 213.

belastung" aufweisen.[15] Eine solche Problemlage äußert sich bspw. in Lern- und Leistungsrückständen, Konzentrations- und Motivationsproblemen, Desorientierung in Alltagssituationen, aggressivem und autoaggressivem Verhalten, psychischen und sozialen Auffälligkeiten sowie Entwicklungsrückständen, die durch gehäuftes Auftreten als komplexe Problemlage erscheinen. Nach außen hin sichtbar wird dies häufig durch Erziehungsschwierigkeiten, Schulprobleme, Umhertreiben, Delinquenz, Sucht, psychische Störungen oder Auffälligkeiten im Sexualverhalten.[16] Hinsichtlich des eigenen Erlebens kommt hinzu, daß junge Menschen in Heimerziehung oft ihre Leistungsfähigkeit überschätzen oder übertriebenen Ehrgeiz an den Tag legen, "kompensatorische Selbstaufwertungstendenzen" aufgrund "erhöhten Minderwertigkeitserlebens" zeigen und Angst vor Einsamkeit und Verlassenheit haben.[17]

Dies wird erst vor dem Hintergrund der traumatisierenden Erlebnisse erklärbar, welche die Entwicklung der Intelligenz, des moralischen Bewußtseins sowie emotionaler und sozialer Kompetenzen blockieren und nur in einigen, individuell unterschiedlichen Bereichen Kompetenzen aufbauen helfen. Verhaltensauffälligkeiten, klinische Störungen usw. sind somit als Lebensäußerungen und, gesellschaftlich betrachtet, 'fehlgelaufene' Bewältigungsstrategien zur Überwindung von erlebter Ohnmacht und Hilflosigkeit in Bezug auf subjektive Belastungen durch intrafamiliäre Mängel an entwicklungsfördernder Erziehung und extrafamiliäre Effekte wie z.B. soziale Isolation zu bezeichnen. Die Problematik der Jugendlichen stellt überwiegend eine Reaktion auf die Problemkumulation des sozialisatorischen Rahmens dar.[18]

2.3. Familien und Umfeld

Jugendliche in Heimerziehung stammen zu 60 % aus Familien mit Scheidungsproblematiken, die zudem durch eine hohe Kinderzahl geprägt sind. Betrachtet man die Problemlagen der Familien, so sind sie gekennzeichnet durch sozioökonomische Belastungsfaktoren wie z.B. geringes Einkommen, problematische Wohnverhältnisse, Arbeitslosigkeit und hohe Verschuldung, die wiederum eine soziostrukturelle Benachteiligung mit sich bringen. Hinzu kommen Suchtprobleme eines oder beider Elternteile, bei denen häufig die Kinder die Rolle der Eltern übernehmen müssen und

---

[15] Schmidt 2002a: 26.
[16] Vgl. Günder 2000: 32. Hamberger 1998b: 210-211.
[17] Hansen 1994: 257-258.
[18] Vgl. Blandow/u.a. 1999: 53-54. Maykus 2000: 162-163.

die eigene Entwicklung vernachlässigen; außerdem problematische Partnerbeziehungen in jedem zweiten und eine allgemeine Überforderung der Eltern in 2 von 3 Fällen. Infolge dessen sind die Beziehungsverhältnisse zu den Kindern zu rund 50 % als ambivalent, 13 % als ausbeutend und 18 % als ablehnend zu bezeichnen. In 27 % der Fälle kann man die Strukturen als verhärtet mit eingefahrenen Rollenzuweisungen und schädigenden Beziehungsroutinen klassifizieren. Dies hat für die Kinder zur Folge, daß sie in rund 68 % der Fälle eine gestörte Eltern-Kind-Beziehung erleben, in 54 % Opfer familiärer Kämpfe werden, zu 48 % unter Vernachlässigung leiden und zu 43 % Gewalt und Mißbrauch erfahren. Insgesamt bieten über 80 % der Familien keine psychosozialen Bedingungen, in denen gute Entwicklungen und Lernsituationen ermöglicht werden.[19]

Im Hinblick auf das Umfeld läßt sich dieses in 1/6 der Fälle als ein problematisches bzw. als sozialer Brennpunkt beschreiben. Jede vierte Familie ist sozial isoliert, wodurch von einem sozialen Netzwerk mit entsprechendem Hilfepotential nicht die Rede sein kann. Aufgrund der materiellen Einschränkungen können die Kinder nur bedingt am gesellschaftlichen und sozialen Leben teilnehmen und haben unter Benachteiligung, Ausgrenzung und sozialer Isolation zu leiden.[20]

So lassen sich insgesamt länger anhaltende, belastende Umstände und Notlagen konstatieren, die das Aufwachsen negativ beeinflussen. Die Familien sind charakterisiert "durch relativ geringe Veränderungsaussichten und relativ schwache Ressourcen im Umfeld."[21] Daraus folgt für die Praxis der Heimerziehung, daß einerseits je nach Schwere der Problemlage spezielle Hilfe für die Kinder, die Eltern und, wenn möglich, das Umfeld angeboten werden muß, insbesondere im Hinblick auf eine eventuelle Rückkehr des Kindes in dann positivere Verhältnisse. Andererseits kann die Heimerziehung je nach gegenwärtiger Situation in der Familie milieunah oder zu Schutz und psychosozialer Stabilisierung des Kindes an einem weiter entfernten Ort erfolgen, womit erste Angebotsformen angesprochen sind.

---

[19] Vgl: Hamberger 1998b: 207-210, 255.
[20] Vgl: Hamberger 1998b: 208. Maykus 2000: 162.
[21] Schmidt 2002a: 26. Vgl: Hamberger 1998b: 208-209.

2.4. Einrichtungs- und Angebotsformen

Das Gesicht der Heimerziehung hat sich in den letzten drei Jahrzehnten stark gewandelt. Mit der *Dezentralisierung*, d.h. der (teilweisen) Auflösung größerer Einheiten z.b. durch Auslagerung von Gruppen in Häuser außerhalb des zentralen Heimgeländes sollte negativen Folgen der Gettoisierung und ihrer Subkultur z.b. in Form der Stigmatisierung und fehlenden Realitätsnähe entgegengewirkt werden, um damit eine Verbesserung der Lebensqualität zu erreichen.[22] Auch wenn immer noch 50 % der Heimgruppen als zentrale Innenwohngruppen zu bezeichnen sind[23], umfaßt die Heimerziehung heute als Folge nicht nur "größere Einrichtungen mit mehreren Gruppen, heilpädagogische und therapeutische Heime, Kinderdörfer, Kinderhäuser [und] Kleinsteinrichtungen", sondern auch teils selbständige "betreute Wohnformen, [...] familienähnliche Betreuungsangebote, Wohngemeinschaften, Jugendwohnungen [...] und Formen betreuten Einzelwohnens."[24] Diese Diversifikation steht zudem in Verbindung mit der *Regionalisierung* der Heimerziehung, d.h. der milieunahen Heimunterbringung, um so ein lebensweltorientiertes Angebot in bezug auf Jugendliche *und* Region/Sozialraum bieten zu können. Hier zeigen sich, wenn auch 25 % aller Hilfen immer noch über 50 km vom Heimatort entfernt erfolgen, zusammen mit der *Entinstitutionalisierung* zwei Schritte hin zu einer *Individualisierung* konkretisiert in einzelfallbezogenen Betreuungsarrangements.[25] Dieser dient auch die *Entspezialisierung* von Einrichtungen, indem man sich nicht mehr mittels vieler Ausschlußkriterien auf eine möglichst 'einfache' Zielgruppe festlegt und damit andererseits einer leichten Abschiebung von Jugendlichen den Weg bereitet, sondern statt dessen eher spezialisierte Gruppenangebote unterbreitet.[26]

Mit den Begriffen der Dezentralisierung, Entinstitutionalisierung und Entspezialisierung ist aber auch eine Reduzierung oder Abschaffung gruppenergänzender Dienste, wie z.B. psychologischer oder zentraler hauswirtschaftlicher Leistungen, verbunden. Hinzu kommt andererseits eine Ausdifferenzierung durch Einbeziehung ambulanter und teilstationärer Angebote nach §§ 28 - 32 KJHG, Leistungen in Verbindung mit

---

[22] Vgl: Hamberger 1998a: 45. Wolf 1995: 14-21.
[23] Baur/u.a. 1998: 24.
[24] Münder/u.a. 1998: 301.
[25] Baur/u.a. 1998: 24. Vgl: Gehres 1997: 15-16. Hamberger 1998a: 45.
[26] Vgl: Wolf 1995: 32-37.

anderen Gesetzen, wie z.B. nach §§ 71 und 72 Jugendgerichtsgesetz, oder Einzelmaßnahmen und Projekte.[27]

So differenziert die Einrichtungsformen, so sind dies auch die Formen der Angebote und damit der Gruppen. Es gibt eine Vielzahl klientenspezifischer Angebote, d.h. alters-, geschlechts- oder problemlagenspezifische Gruppenkonzepte, deren Nutzen jedoch umstritten ist.[28] Hinsichtlich grundlegender Gruppenformen lassen sich zuerst Regelangebote mit einem Personalschlüssel zwischen 1,7 und 2,13 nennen, welche sich in Gruppenformen interner, externer oder selbständiger Wohngruppen oder selbständiger Wohngemeinschaften mit permanenter Betreuung, in Lebensgemeinschaften oder Individualformen mit einzelnen Wohneinheiten und ständiger Erreichbarkeit der Betreuer organisieren. Intensivangebote hingegen stellen sich mit einem Betreuungsschlüssel zwischen 1 und 1,69, integrierten therapeutischen Hilfen und ständiger Betreuung entweder in Gruppenform bis zu 7 Kindern oder in Einzelbetreuung dar. Als drittes sind "Angebote mit niedrigem Betreuungsaufwand mit Schwerpunkt der Verselbständigung" zu nennen, die sich mit einem Personalschlüssel von 2,14 – 8 entweder in Form von Verselbständigungsgruppen mit bis zu 9 Plätzen, Lebensgemeinschaften oder Einzelbetreuungsangeboten beschreiben lassen.[29]

Aufgrund dieser "Diversifikation von Organisationsformen und Konzepten, von Erziehungs- und Lebensarrangements" kann Heimerziehung kaum noch als abgrenzbares Arbeitsfeld identifiziert werden, wodurch sich ein "einheitliches Qualitätsprofil von Heimerziehung" nicht abbilden läßt.[30] Deshalb müssen praktische Ausführungen auch dieser Untersuchung stets auf ihre Anwendbarkeit innerhalb der jeweiligen Einrichtung überprüft werden.

---

[27] Vgl: Gehres 1997: 13-14. LVR/LWL 2003: 26-28. Wolf 1995: 31-34.
[28] Vgl: Flosdorf 1988: 154. Merchel 1998b: 256.
[29] LVR/LWL 2003: 20, 24-27
[30] Merchel 1998b: 249.

3. Konzeptioneller Rahmen kundenorientierter Qualitätsentwicklung

Ausgehend von Aspekten des Qualitätsbegriffs soll der Hintergrund der Qualitätsdebatte erläutert werden, um infolge dessen Aussagen über rechtliche und inhaltliche Anforderungen an Qualitätsentwicklung in der stationären Jugendhilfe treffen zu können. Im Anschluß daran werden nach einer eher kurz gehaltenen Beschreibung von Qualitätsmanagementsystemen und Zertifizierungsverfahren Aspekte der Kunden- und Zielorientierung sowie diesbezügliche Meß- und Analyseverfahren beleuchtet. Zudem dient dieses Kapitel der Klärung uneinheitlich und unscharf verwendeter Definitionen, zumindest für den Rahmen dieser Untersuchung.

3.1. Qualität und Qualitätsebenen

Nach Darstellung der Ambivalenz des Qualitätsbegriffs werden die verschiedenen Ebenen bzw. Dimensionen von Qualität, d.h. die Struktur-, Prozeß- und Ergebnisqualität erklärt. Diese Differenzierung geht auf Avedis Donabedian zurück, der sich mit Wesensmerkmalen von Leistungen im medizinischen Bereich zwecks Sicherstellung von Behandlungserfolgen beschäftigte. Allerdings revidierte er anfängliche, lineare Kausalitätsannahmen für die nicht-technische Dimension personenbezogener sozialer Dienstleistungen, d.h. die soziale Interaktion und Kommunikation zwischen Personal und Kunde. Da letztere wesentliche Elemente der Kernleistungen von Heimerziehung darstellen, muß – soviel sei schon hier erwähnt – immer auch die Sicht der Jugendlichen, Eltern und Jugendämter als Kunden zur Qualitätsbeurteilung herangezogen werden.[31] - Zunächst sollen jedoch die grundlegenden Qualitätsbegrifflichkeiten beschrieben werden.

---

[31] Vgl: Burmeister 1999: 49-50. Struck 1999: 15-16.

3.1.1. Qualität

Aufgrund verschiedener Definitionsansätze werden fünf Qualitätsbegriffe unterschieden:

1) Der *produktbezogene Qualitätsbegriff* beschreibt Qualität als Niveau oder Summe vorhandener Eigenschaften von Dienstleistungen mittels Messung nach objektiven Kriterien.

2) Mit dem *absoluten Qualitätsbegriff* wird Qualität als allgemeines Maß für die Güte einer Dienstleistung bezeichnet.

3) Beim *wertorientierten Qualitätsbegriff* entspricht Qualität dem Urteil des Kunden, ob eine Leistung ihren Preis wert ist.

4) Qualität als Wahrnehmung der Leistungen durch den Kunden nach dessen subjektiven Kriterien definiert den *kundenbezogenen Qualitätsbegriff*, und

5) beim *herstellerorientierten Qualitätsbegriff* schließlich gibt der Leistungsanbieter bestimmte Qualitätsstandards als Maß für die Qualitätskontrolle vor.[32]

In Sinne dieser Komplexität formuliert auch die Deutsche Gesellschaft für Qualität mit der DIN 55350, Teil 11 folgende, eher offen gehaltene Begriffsbestimmung: *"Qualität ist [...] die Gesamtheit von Eigenschaften und Merkmalen eines Produkts oder einer Tätigkeit, die sich auf deren Eignung zur Erfüllung gegebener Erfordernisse bezieht."[33]*

Mit den Begriffen der 'Eigenschaften', 'Merkmale' und 'Erfordernisse' ist zwar deren Erfüllung verbunden, es bleibt jedoch offen, wie diese konkret aussehen und wer sie festlegt. Darin deutet sich an, daß Qualität in der Sozialen Arbeit immer nur als Konstrukt ethischer, fachlicher und normativer Maßstäbe gesehen werden kann, "das außerhalb gesellschaftlicher und persönlicher Normen, Werte, Ziele und Erwartungen nicht denkbar ist." Unter weiterer Beachtung der kundenspezifisch differierenden und teils gegensätzlichen Festlegung und Gewichtung von Indikatoren zur Einschätzung eines bestimmten Grades an Qualität zeigt sich die Relativität des Qualitätsbegriffs und diesbezüglicher Kriterien. Qualität ist somit nichts Absolutes, sondern immer nur eine "graduelle Annäherung an ein ausgehandeltes Qualitätskonzept", das sich aus verschiedenen, teils subjektiven Leistungsmerkmalen mit je unterschiedlicher Gewichtung zusammensetzt. In zeitlicher Perspektive ist außerdem der "prozeßhaft-

---

[32] Vgl: Bruhn 2000: 25-26.
[33] Hardenberg 2002: 3; zitiert Deutsche Gesellschaft für Qualität o.J.: o.S..

dynamische Charakter" von Qualität aufgrund des Wandels von Anforderungen der Kunden und der Gesellschaft zu beachten. Hinzu kommt, daß sich Qualität im Zusammenspiel unterschiedlicher Interessen und somit in engem Zusammenhang mit der Aktivierbarkeit von Machtpotentialen konstituiert, welche im Bereich der Heimerziehung besonders zwischen Einrichtung und Jugendamt als 'Experten' und Geldgeber einerseits, und Eltern und Jugendlichen als 'Hilfebedürftige' andererseits, meist sehr ungleich verteilt sind.[34]

3.1.2. Strukturqualität

Unter Strukturqualität versteht man allgemeine, längerfristige Rahmenbedingungen von Einrichtungen, unter denen diese ihre Leistungen erbringen. Strukturparameter umfassen dabei persönliche und fachliche Voraussetzungen sowie verfügbare Ressourcen räumlicher, technischer, personeller, finanzieller und organisatorischer Art.[35] Merkmale der Strukturqualität von Gruppen oder Gesamteinrichtungen beinhalten Kriterien und Standards

- der Mitarbeiterstruktur und -qualifikation inklusive Maßnahmen der Personalentwicklung, Fortbildung und Supervision,
- der Gebäude, deren Ausstattung, des Standorts und des direkten örtlichen Umfeldes,
- der Struktur und Problemlage der Zielgruppen, d.h. der Jugendlichen und ihrer Eltern,
- des Leistungsspektrums in Form von Gesamtkonzeption, Leistungsbeschreibungen, Angebotsstruktur und Methodendifferenzierung,
- der Wirtschaftlichkeit, Finanzausstattung und Kosten,
- der Aufbau- und Ablauforganisation, d.h. der Konfiguration, internen und externen Vernetzung und Formalisierung, und
- der Qualitätsentwicklung und -kontrolle als solche, z.B. in Form von Dokumentation.[36]

Hierzu ist anzumerken, daß die Zuordnung der beiden letzten Punkte zur Strukturqualität und nicht zur Prozeßqualität in der Literatur umstritten ist[37], worin sich zeigt,

---

[34] Merchel 2000: 16-17.
[35] Vgl: Knab/Macsenaere 1998: 38.
[36] Vgl: Klatetzki 1998: 70. Macsenaere 2002: 104-105.

daß eine allgemeingültige Zuordnung von Kriterien zur Struktur- oder Prozeßqualität nicht möglich ist. Etliche dieser strukturellen Standards und Kriterien sind vorgeschrieben bzw. müssen bereits erfaßt und gemeldet werden nach Gesetzen wie z.b. dem KJHG (§§ 45, 47, 78c und 99), nach Verordnungen wie z.b. der Heimmindestbauverordnung, nach Vorgaben in Rahmenverträgen (siehe z.b. Kapitel 2.4.) oder nach Vorgaben der Kostenträger. Zudem bietet die Jugendhilfe-Effekte-Studie diesbezüglich eine Auswahl erprobter, aussagekräftiger Kriterien.[38] Eine detaillierte Betrachtung struktureller Merkmale erfolgt in Kapitel 4.2.

Bezüglich der anderen Qualitätsebenen stellt Strukturqualität "eine notwendige, aber nicht hinreichende Voraussetzung für Prozessqualität" und Ergebnisqualität dar.[39]

3.1.3. Prozeßqualität und Prozeßdokumentation

Prozeßqualität umfaßt im engeren Sinne "sämtliche Handlungen zwischen Leistungserbringer und Leistungsempfänger", im weiteren Sinne auch diejenigen zwischen Mitarbeitern sowie internen und externen Einheiten. Sie beinhaltet die Qualität der Interaktion mit den Kunden in Form von Kooperation, Kommunikation und Partizipation, der Konzeptumsetzung und Fachlichkeit, der Rahmenbedingungen der Erziehung, des Ablaufs der Leistungen sowie deren Transparenz.[40]
Allgemein wird in der Praxis häufig zwischen Schlüssel-, Kern- bzw. Primärprozessen einerseits, und Sekundär- bzw. unterstützenden Prozessen andererseits unterschieden. Schlüsselprozesse stellen für die Kunden und die Existenz einer Einrichtung besonders wichtige Abläufe dar, weil sie in hohem Maße zur Zielerreichung beitragen. Als Primärprozesse in der Heimerziehung sind z.B. diejenigen der Hilfeplanung, der Aufnahme und Krisenintervention, der Erziehungsplanung, der Beziehungsarbeit, der Alltagsgestaltung, der schulisch-beruflichen Förderung, der therapeutischen Förderung und der Elternarbeit zu nennen. Sekundäre, unterstützende Prozesse, die hier den strukturellen Voraussetzungen zugerechnet werden, umfassen Leitungs- und Verwaltungsprozesse wie z.B. der Finanzen, des Personalwesens, des

---

[37] Zuordnung zur Prozeßqualität z.B. bei: Jordan 2000: 265. Knab/Macsenaere 1998: 38.
[38] Macsenaere 2002: 109.
[39] Macsenaere 2002: 100-101. Vgl: Jordan 2000: 268.
[40] Macsenaere 2002: 100. Vgl: Jordan 2000: 271. Knab/Macsenaere 1998: 38. Schmidt 2002a: 24.

Qualitätsmanagements und der externen Kundenkontakte.[41] In der Praxis existieren hierzu zwar organisatorische und fachliche Standards, sie sind jedoch wenig operationalisiert und werden kaum systematisch überprüft.[42] Eine detaillierte Betrachtung der Primärprozesse, ihrer Performanz und qualitativen Analyse erfolgt in Kapitel 4.3..

Die Qualität von Prozessen kann am ehesten gewährleistet werden, wenn diese zusammen mit den Mitarbeitern analysiert, optimiert und dokumentiert werden. Zur besseren Koordination legt man gruppenübergreifende Verfahrensrichtlinien fest, die je Prozeß gemäß dessen Ablauf Anstoß, Hilfsmittel und Ziele, sowie Beteiligte, Verantwortlichkeiten, Schnittstellen und Kundenkontakte benennen.[43] Dazu werden Prozeßbeschreibungen und/oder Ablaufmodelle als fortlaufende Texte, geblockte Texte, in Form von Flußdiagrammen/Folgeplänen, Leitfäden/Profil-Charts oder Folgestrukturen erstellt.[44] Diese können ergänzt, teils sogar ersetzt werden durch Checklisten und Laufzettel, um so letztlich durch Verbindlichkeit und Transparenz eine optimale Zusammenarbeit, ein pädagogisch einheitliches Vorgehen und damit Kontinuität im Betreuungsprozeß zu gewährleisten.

Checklisten und Laufzettel dienen aber auch, soweit erledigte Punkte oder Schritte abgehakt werden, zusammen mit Formularen, Protokollrastern usw. der Leistungsdokumentation. Als Vorgabe-Dokumente mit Regelungscharakter müssen sie ebenso wie die Prozeßbeschreibungen regelmäßig überarbeitet werden und verfügbar sein. Für ausgefüllte Dokumente, d.h. Aufzeichnungen mit Nachweischarakter müssen zudem der Aufbewahrungsort und die -dauer festgelegt werden, um einen sachgerechten Umgang nach Datenschutz, sowie eine Analyse der Prozesse und ihrer Qualität sicherzustellen. Zusammen mit den Prozeßbeschreibungen sollten die Vorgabe-Dokumente in einem internen Handbuch dokumentiert werden, dessen prozeßorientierter Aufbau zudem den neuen Regelungen der DIN EN ISO entspräche.[45]

Da zentrale Merkmale der Prozeßqualität, wie z.B. die Mitwirkungsfähigkeit, nicht alleine der Steuerbarkeit einer Einrichtung unterliegen, ist Prozeßqualität "eine notwendige, aber nicht hinreichende Voraussetzung für Ergebnisqualität."[46]

---

[41] Vgl: Pawelleck/u.a. 2000: 57. Schneider 2002a: 122-123, 134. Schreyer-Schubert/u.a. 2000: 90.
[42] Vgl: Jordan 2000: 266.
[43] Vgl: Pawelleck 1998: 23. Pawelleck/u.a. 2000: 58.
[44] Vgl: Eversheim 1997: 58-60. Mangler 2000: 396-407. Pawelleck 1998: 22-24.
[45] Vgl: Hardenberg 2003: 16-17. Hohenschild 2002: 53. Mangler 2000: 232. Pawelleck/u.a. 2000: 59-60.
[46] Macsenaere 2002: 101. Vgl: Schneider 2002b: 303.

3.1.4. Ergebnisqualität

Ergebnisqualität umfaßt sämtliche Resultate, Erfolge und Wirkungen sowie Mißerfolge und Nebenwirkungen interner Abläufe und Aktivitäten. Hier sind einerseits
Qualitäten wie die Problem- und Situationsgerechtigkeit des Angebots zu subsumie-
ren; andererseits verdienen im Bereich der Heimerziehung die Zufriedenheit und die
Zielerreichung bezüglich der Jugendlichen und ihrer Eltern besondere Beachtung,
wobei es sich je nach Zielsetzung um konkrete Änderungen oder eine Stabilisierung
deren Situation mittels Lösung von Problemen und Förderung von Ressourcen
handelt.[47] Als ergebnisqualitative Aspekte können beispielhaft für die Einrichtungen
die Wirtschaftlichkeit und die Zufriedenheit der Mitarbeiter genannt werden, für die
Jugendämter erfolgreiche und kostengünstige Leistungen, für die Jugendlichen eine
Verbesserung ihrer Gesamtauffälligkeit und eine Bewältigung alterstypischer Ent-
wicklungsaufgaben, und für die Eltern die Hilfe zur Selbsthilfe.[48]
Im Hinblick auf die Ergebnisqualität einer oder mehrerer erbrachter Leistungen
unterscheidet man allgemein zwischen 'Output' und 'Outcome': Der Output bezeichnet dabei den Umfang bzw. Durchlauf in Form der "Zahl oder Menge der erbrachten
Leistungseinheiten in einem definierten Zeitraum."[49] Der Outcome hingegen
beschreibt intendierte und nicht intendierte Wirkungen bei den Leistungsempfän-
gern.[50] In Bezug auf eine kundenorientierte Qualitätsentwicklung besitzt deshalb der
Outcome besonderes Gewicht. Des weiteren ist er für Aussagen hinsichtlich Effektivität und Effizienz einer Leistung oder Jugendhilfemaßnahme fundamental. Während
Effektivität den Grad einer möglichst direkten, weitgehenden, nachhaltigen und feh-
lerfreien Zielerreichung beschreibt, untersucht Effizienz die Zielerreichung unter dem
Gesichtspunkt der Relation von Aufwand zu Ergebnis unter bestenfalls gleichen, d.h.
monetären Aspekten. Eine solche Effizienzbestimmung für eine Jugendhilfemaßnahme im Einzelfall ist aber in der Heimerziehung noch nicht möglich. Auch die Beurteilung der Effektivität einer einzelfallbezogenen Jugendhilfemaßnahme insgesamt
wirft aufgrund divergierender Interessen und Ziele der Eltern, Jugendlichen und
Jugendämter viele Fragen auf.[51]

---

[47] Vgl: JSB GmbH: 2000: 180. Macsenaere 2002: 101.
[48] Vgl: Jordan 2000: 272. Schmidt 2002a: 23-24.
[49] Vock 1999: 34.
[50] Vgl: Schneider 2002b: 303. Vock 1999: 35.
[51] Vgl: Macsenaere 2002: 101. Vock 1999: 36.

24

Zwischen den Qualitätsebenen sind keine linearen Ursache-Wirkungs-Zusammenhänge annehmbar, da unbestimmbare Teile des Erfolges oder Mißerfolges und damit der Ergebnisqualität auf Eigenschaften und Verhalten des Empfängers und dessen Lebensumfeld zurückzuführen sind. Andererseits muß "ein Mindestmaß an Strukturqualität gewährleistet sein, um über Prozessqualität die Ergebnisqualität positiv zu beeinflussen." Zudem existieren Rückkopplungen der Ergebnis- auf Prozeß- und Strukturqualität sowie der Prozeß- auf die Strukturqualität. Solche Rückkopplungen sind als Folge expliziter Qualitätskontrollen "als korrigierende Qualitätsentwicklung zu interpretieren."[52] Sowohl Struktur- als auch Prozeßqualität "übertreffen die Rolle der Ausgangsmerkmale eines Kindes und seiner Familie für das Hilfeergebnis", wenn auch die Prozeßqualität als bedeutsamer zu beurteilen ist.[53]

Bisher ist die Ergebnisqualität noch selten operationalisiert und eine Qualitätsüberprüfung mittels Meßwerten findet kaum statt. Die Festlegung von Meßgrößen und -instrumenten und deren Anwendung könnte in einen Regelkreis der Qualitätsentwicklung in Form der Bewertung, Korrektur und erneuten Überprüfung von Maßnahmen münden und Ergebnisqualität dadurch auch zu einem Erfolgsmaßstab der Qualitätsentwicklung machen.[54]

3.2. Hintergründe der Qualitätsdebatte in der Heimerziehung

Ein erster zu nennender Aspekt für Forderungen nach verstärkter Qualitätsentwicklung in der Sozialen Arbeit und damit in der Heimerziehung ist das Konzept des *Neuen Steuerungsmodells'*, welches im Rahmen der Verwaltungsmodernisierung seit Anfang der 90er Jahre durch die KGSt (Kommunale Gemeinschaftsstelle für Verwaltungsvereinfachung) entwickelt wurde. Darin wird die Forderung nach einer outputorientierten Steuerung mittels Produktbeschreibungen, Kontraktmanagement und Controlling erhoben. Galt dies zunächst nur verwaltungsintern, so entfaltete dies später auch Wirkung gegenüber Dritten, wie im Bereich der Heimerziehung in Form von Leistungsvereinbarungen und leistungsbezogener Finanzierung. Mit der Outputorientierung wurde zudem die Forderung nach Einschätzung und Messung der Quantität und Qualität der Produkte und ihrer Wirksamkeit mittels geeigneter Kriterien und Verfahren verbunden. Ein Merkmal von Qualität und zugleich Ziel der

---

[52] Macsenaere 2002: 101. Vgl: Burmeister 1999: 49-50.
[53] Schmidt 2002b: 526. Vgl: Schmidt 2002a: 28.
[54] Vgl: Jordan 2000: 266, 273.

Verwaltungsreform stellt dabei die Kundenorientierung, d.h. die Ausrichtung der Leistungen an den Bedürfnissen der Kunden, dar. Weitere Ziele sind der Vergleich von Leistungen, die Kontrolle durch Kosten-Nutzen-Relationen und damit mehr Wettbewerb.[55]

Zusätzliche Bedeutung gewann die Qualitätsdebatte durch Forderungen im 8. *Jugendbericht* nach einem "Qualitätsverständnis [...], bei dem die jungen Menschen und ihre Familien im Mittelpunkt stehen." Dazu sollte ein Qualitätsmanagement entwickelt werden, "das die Ausrichtung des professionellen Handelns auf dieses Ziel systematisch unterstützt."[56]

Einen weiteren Aspekt der Qualitätsdebatte bildete der zunehmende *Wettbewerb*. Dieser wurde erstens vorangetrieben durch Entwicklungen im Rahmen des europäischen Einigungsprozesses bzw. der europäischen Sozialpolitik hin zu mehr Marktwirtschaft mit freiem Wettbewerb. Als zweiter Grund sind knappe öffentliche Finanzmittel zu nennen, die vor allem aufgrund der hohen Kosten einer Heimunterbringung zur Legitimation durch Nachweis von Qualität und Wirksamkeit zwingen. Ein dritter Punkt ist die Neufassung der finanziellen Regelungen im KJHG, die mit der Einführung prospektiver Leistungsentgelte auch einen Kostenvergleich ermöglicht. Wenn eine Einrichtung heute ihr Fortbestehen sichern will, so sieht sie sich zu belegungsrelevanten Entgelten, Innovation und Qualitätsentwicklung regelrecht gezwungen.[57] Der 11. Jugendbericht verweist in diesem Zusammenhang sogar auf die "Perspektive eines fachlich verantworteten Qualitätswettbewerbs."[58]

Unausweichlich, weil rechtlich verbindlich, wurde die Qualitätsentwicklung schließlich durch die *Neufassung* der Finanzierungsregelungen im *KJHG* (§§ 77, 78 a-g) mit der Verpflichtung zum Abschluß von Leistungs- und Qualitätsentwicklungsvereinbarungen. Damit verbunden sind auf Landesebene abzuschließende Rahmenverträge, die durch Qualitätsentwicklung dazu beitragen sollen, bestmögliche Fachpraxis in stationären Erziehungshilfen sicherzustellen."[59]

---

[55] Vgl: Jordan 2000: 287-296. KGSt 1994: 15. Merchel 1998a: 23. Merchel 2002: 127. Vock 1998: 36-41.
[56] Ebeling 2002: 20; zitiert BMJFFG 1990: o.S..
[57] Vgl: Merchel 1998b: 244-245. Merchel 2003: 70. Vomberg 2002a: 24-25.
[58] BMFSFJ 2002: 256.
[59] Vgl: LVR/LWL 2003: 1. Merchel 2002: 127.

3.3. Qualitätsentwicklungsvereinbarung und Qualitätsentwicklung

Mit der Novellierung des KJHG zum 01.01.1999 verpflichtet der Gesetzgeber nach § 78b den öffentlichen Jugendhilfeträger zur Entgeltübernahme gegenüber einer leistungserbringenden Einrichtung, wenn mit dieser eine Leistungs-, eine Entgelt- und eine Qualitätsentwicklungsvereinbarung über "Grundsätze und Maßstäbe für die Bewertung der Qualität der Leistungsangebote sowie über geeignete Maßnahmen zu ihrer Gewährleistung" abgeschlossen wurde. Dadurch legt das KJHG "größeren Wert auf dialogische Prozesse der Qualitätsentwicklung", bei welcher der "fachlich-entwickelnde Impuls" dominiert.[60] Die Qualitätsentwicklungsvereinbarung ist gemäß § 78e zwischen der Einrichtung und dem örtlichen Jugendhilfeträger "für einen zukünftigen Zeitraum" (§ 78d) abzuschließen. Über deren Inhalt wiederum schließen nach § 78f die "kommunalen Spitzenverbände auf Landesebene [...] mit den Verbänden der Träger der freien Jugendhilfe [...] Rahmenverträge" ab. Näheres regelt z.b. in Nordrhein-Westfalen die Anlage III des Rahmenvertrages I NRW:

Als Grundsätze der Qualitätsentwicklung im Einzelfall werden darin die Zusammenführung der Erwartungen der jungen Menschen, ihrer Familien, der Jugendämter und der Einrichtung auf der Basis gesetzlicher Regelungen, sowie die gemeinsame, kontinuierliche Bewertung der Qualität anhand vereinbarter Qualitätskriterien und -maßstäbe aufgeführt. Die Umsetzung und Wirksamkeit vereinbarter Hilfeleistungen ist zu überprüfen und zu dokumentieren. - In der Qualitätsentwicklungsbeschreibung benennt eine Einrichtung ihre Ziele nach fachlichen Maßstäben, Schlüsselprozesse und damit verbundene Qualitätskriterien unter Berücksichtigung von Kundenerwartungen, sowie Indikatoren zur Reflektion der Zielerreichung. Ebenso sind Maßnahmen und Instrumente, wie z.B. kollegiale Fallberatung, Qualitätszirkel, Evaluation und Dokumentation aufzuführen, welche die Qualität gewährleisten und somit in einen Kreislauf der Qualitätsentwicklung münden. Ergebnisse des einzelfallbezogenen Qualitätsdialoges sind in der Qualitätsentwicklungsbeschreibung ebenso zu berücksichtigen wie Absprachen einer örtlichen Qualitätsgemeinschaft. Deren Ergebnisse sollen außerdem in einen Qualitätsdialog auf überörtlicher Ebene einfließen.[61]

Nicht oder nur am Rande erwähnt sind hier Verwaltungsstrukturen, unterstützende Prozesse, betriebswirtschaftliche Aspekte und diesbezügliche Ergebnisse, deren

---

[60] Merchel 1999: 170.
[61] Vgl: LVR/LWL 2003: 29-33.

Qualität ebenso nicht vernachlässigt werden sollte. Außerdem sollten Meß- und Analyseergebnisse intern in einen Qualitätsdiskurs eingebracht werden, der dann eine fachliche Weiterentwicklung und damit ein strukturiertes, zielorientiertes und innovatives, pädagogisches Handeln der Mitarbeiter ermöglicht. Das Sichtbarmachen von Erfolgen hätte zudem motivationsfördernde Wirkung und würde den Mitarbeitern helfen, Mißerfolge im Bewußtsein guter erbrachter Leistungen professionell wegzustecken. Zusätzlich führt Qualitätsentwicklung zu Transparenz von Strukturen, Prozessen, Ergebnissen und deren Qualität für Interne wie Externe und damit zu Verbindlichkeit und Sicherheit; sie ermöglicht bessere kundenbezogene Erfolge und höhere Zufriedenheit. Außerdem legitimiert und sichert sie letztlich durch den Nachweis qualitativer und erfolgreicher Arbeit die Existenz einer Einrichtung.[62]

3.4. Qualitätsmanagement und Qualitätsmanagementsysteme

Qualitätsmanagement läßt sich als ein "Mehrebenenansatz" auffassen, dessen Ziel es ist, "die vorhandenen Ressourcen, Kompetenzen und Prozesse so zu organisieren, dass die Qualitäten der Leistungserbringung für die [...] Adressaten optimiert werden." Es umfaßt "neben der differenzierten Leistungsbeschreibung und den verbindlichen Qualitätsstandards Strategien der Qualitätsentwicklung und -überprüfung."[63] Wesentliche Grundprinzipien sind dabei die Dokumentation sowie die Prozeß-, Kunden- und Mitarbeiterorientierung. Letztgenannte schlägt sich auch in Form direkter Beteiligung am Prozeß der Implementierung, d.h. durch deren Mitarbeit in Qualitätszirkeln, in Steuerungsgruppen und bei internen Audits, nieder. Dies ermöglicht Innovation und Nutzung vorhandenen Wissens, entspricht der Anerkennung der Mitarbeiter als Experten ihres Arbeitsbereiches, fördert deren Motivation und Identifikation mit Einrichtungszielen und erreicht durch ein Qualitätsbewußtsein eine optimale Umsetzung von Verbesserungsmaßnahmen des Qualitätsmanagements.[64]
Wichtige Inhalte desselben bilden die Abfassung von qualitätspolitischen Grundsätzen durch die Leitung, die Entwicklung eines Leitbildes, einer Konzeption und strategischer Ziele, sowie die Standardisierung von Prozessen und der Leistungsdokumentation wie unter 3.1.3. dargelegt. Hinzu kommt die Beschreibung von Maß-

---

[62] Vgl: Ebeling 2002: 28-29. Finkel/Hamberger 1998a: 76. Merchel 2000: 15. Merchel 2003: 68. Post 2002: 222. Schmidt 2002b: 527.
[63] BMFSFJ 2002: 80-81.
[64] Vgl: Caritas-Jugendhilfe GmbH 1997: 4. Dedekind 1999: 92. Drabner/Pawelleck 1997: 13-14.

nahmen der kontinuierlichen Überprüfung und Verbesserung der Qualität auf allen Ebenen und des Qualitätsmanagements an sich gemäß des sog. Deming-Kreises (Plan, Do, Check, Act)[65]. Dies wird üblicherweise in einem Qualitätsmanagementhandbuch, teils differenziert nach Inhalten externen oder rein internen Gebrauchs, in strukturierter Form vollständig und aktuell dokumentiert.[66]

Als Qualitätsmanagementsysteme werden üblicherweise verschiedene Modelle und Zertifizierungsverfahren verstanden, von denen hier die zwei bekanntesten dargestellt werden sollen: Das erste bildet das Zertifizierungsverfahren der International Organisation for Standardization (ISO) nach der Normenreihe DIN EN ISO 9000:2000, 9001:2000 und 9004:2000 als "international anerkannte Norm für den Aufbau und die Bewertung von Qualitätsmanagementsystemen."[67] Die Norm DIN EN ISO 9001:2000 bildet dabei die Grundlage der Zertifizierung. Auf der Basis von 8 Grundprinzipien wie z.B. der Einbeziehung der Mitarbeiter, der Kundenorientierung und der ständigen Verbesserung wird ein prozeßorientiertes Qualitätsmanagementsystem propagiert. Dieses stellt einen Kreislauf aus *Verantwortung der Leitung, Ressourcenmanagement*, Prozessen der *Produktrealisierung* und der *Messung, Analyse und Verbesserung* dar, deren Ergebnisse wieder die Leitung erreichen. Die Anforderungen der Kunden sind von der Leitung zu eruieren und fließen als Input in den Prozeß der Produktrealisierung ein. Diese führt zu einem kundenbezogenen Output und damit zu einem bestimmten Grad an Zufriedenheit, welcher zu messen und zu analysieren ist. Die Kundenperspektive spielt folglich eine entscheidende Rolle und wird als wesentliche Meßgröße der Leistungsfähigkeit des Qualitätsmanagementsystems und einer Organisation beschrieben. Grundlage der Zertifizierung ist die Dokumentation aller Prozesse und Unterlagen in einem Handbuch und die Überprüfung deren Umsetzung in einem Zertifizierungsaudit. Entspricht das Qualitätsmanagementsystem den Normanforderungen der DIN EN ISO, wird dies mit einem Zertifikat bescheinigt.[68]

Das zweite stellt das 'EFQM-Modell für Excellence' der European Foundation for Quality Management dar. Dieses besteht aus neun unterschiedlich gewichteten Kriterien, von denen fünf 'Befähiger'-Kriterien der *Führung, Politik und Strategie, Mitarbeiter, Partnerschaften und Ressourcen* sowie *Prozesse* das Vorgehen der Organisa-

---

[65] Hohenschild 2002: 51.
[66] Vgl: Ebeling 2002: 57. Eversheim 1997: 54-55. Schreyer-Schubert/u.a. 2000: 80.
[67] Hohenschild 2002: 42.
[68] Vgl: Hardenberg 2002: 8-11. Hohenschild 2002: 42-54.

tion beschreiben, während vier 'Ergebnis'-Kriterien bezüglich *Kunden, Mitarbeitern, Gesellschaft und Umwelt* sowie *Schlüsselleistungen* nach der Zielerreichung bzw. dem Grad derselben fragen, die mittels Kennzahlen, Trends und Vergleichen nachzuweisen sind. Das 'Kunden'-Kriterium besitzt dabei das größte Gewicht. Jedem Kriterium sind mehrere Teilkriterien und diesen nochmals Orientierungspunkte zugeordnet. Sie dienen als Grundlage eines zu Beginn mit möglichst allen Mitarbeitern durchzuführenden Selbstbewertungsprozesses, der Stärken und Verbesserungspotentiale erkennen läßt. Nach der Prioritätensetzung bezüglich letztgenannter werden in Workshops oder Qualitätszirkeln Konzepte und Vorschläge erarbeitet, umgesetzt und anschließend bewertet. Wird eine Veränderung wegen guter Bewertung beibehalten, so werden weitere Verbesserungen angegangen. Das EFQM-Modell stellt somit einen konzeptionellen Rahmen für einen organisationsumfassenden Prozeß kontinuierlicher Verbesserung durch Innovation und Lernen auf der Basis der Dokumentation sowie der Analyse und Interpretation gemessener Ergebnisse dar. Ist dies über mehrere Jahre mit Erfolg geschehen, so kann sich eine Organisation um Qualitätspreise auf nationaler und europäischer Ebene oder um stufenweise Anerkennungsverfahren bewerben.[69]

Zertifizierungen bzw. Anerkennungen nach dem EFQM-Modell oder nach der DIN EN ISO haben den Vorteil besonderer Reputation und damit öffentlichkeitswirksamer Legitimation für eine Einrichtung. Andererseits sind beide Verfahren mit einem hohen zeitlichen und personellen und bei Zertifizierung auch finanziellen Aufwand verbunden und bergen die Gefahr der Überreglementierung in sich. Nichtsdestotrotz bieten sie aber selbst kleinen Einrichtungen wichtige Anhaltspunkte für eine kundenorientierte Qualitätsentwicklung.[70]

3.5. Kunden- und Zielorientierung in der Heimerziehung

Kundenorientierung ist, wie gesehen, elementarer Bestandteil der Qualitätsentwicklung und des Qualitätsmanagements, sowie zentrale Forderung des Neuen Steuerungsmodells, des Rahmenvertrages I NRW, verschiedener Zertifizierungsverfahren und nicht zuletzt des Gesetzgebers im KJHG, z.B. in Form des Wunsch- und Wahlrechts der Eltern (§ 5), einzelfallbezogener Hilfe (§ 27), Mitwirkung von Eltern und

---

[69] Vgl: EFQM 2000: 7-9. Vomberg 2002b: 74-75. Winterstein 2003: 26-28.
[70] Vgl: Gerull 2000: 215. Hardenberg 2002: 10-11, 18.

Jugendlichen im Hilfeplanverfahren (§ 36) und Zusammenarbeit mit den Eltern (§ 37). Soll sich also sozialpädagogisches Handeln in der Heimerziehung nicht nur an fachlichen Standards von 'Experten' ausrichten und damit eventuell an den Bedürfnissen und Zielen der Kunden vorbeigehen, ist deren Situation und Perspektive, gerade auch als 'Koproduzenten' der Leistungen, großes Gewicht einzuräumen. Die einrichtungsinterne Definition des Kundenbegriffs ist dabei wegen dessen Mannigfaltigkeit grundlegend und unerläßlich.

3.5.1. Begriffsdefinition 'Kunde' und Kundenorientierung

Zunächst muß eine Einrichtung klären, wen sie als 'ihre Kunden' bezeichnet, da "in einem abstrakten Sinne alle Personen, Organisationen oder Institutionen gemeint [sind], die auf Leistungen zugreifen."[71] Als externe Kunden einer Einrichtung kämen dabei die jungen Menschen und deren Personensorgeberechtigte, die Jugendämter, die Kommunen und die Politik, die Gesellschaft, die Bevölkerung vor Ort bzw. der Sozialraum, Spender und Sponsoren, Ämter und Behörden, Schulen, Ausbildungsstätten und Arbeitgeber der Jugendlichen, Arbeitsgemeinschaften, Gremien usw. in Betracht. Interne Kunden wären die Mitarbeiter und Ehrenamtlichen, Gruppen und Teams, gruppenergänzende Dienste, Verwaltung und Leitung, Trägergesellschaft, Dachverband usw.. In dieser Untersuchung sollen die Jugendlichen, ihre Eltern und die Jugendämter als Kunden verstanden werden.

Dabei wirft jedoch in der Sozialen Arbeit nicht nur die Kundenstruktur Fragen auf, sondern auch der Begriff des 'Kunden' selbst. Aufgrund der Herkunft der Qualitätsdebatte und diesbezüglicher Verfahren aus der freien Wirtschaft wurde der Kundenbegriff zunächst unreflektiert übernommen. Impliziert er doch Aspekte der Kundensouveränität in Form von Markt- und Sachkenntnis, Kaufkraft und Handlungssouveränität, die zwar in Bezug auf die Jugendämter, aber oftmals nicht oder nur bedingt in Bezug auf die jungen Menschen und ihre Eltern, auch aufgrund der Charakteristika sozialer Dienstleistungen als Erfahrungs- und Vertrauensgüter, gegeben sind. Statt dessen konstatiert man bisweilen unrealistische, diffuse Wünsche oder sogar fehlendes Problemverständnis mit dezidierter Ablehnung der Heimunterbringung. Andererseits sind Jugendliche und Eltern als "kompetente Subjekte ihrer

---

[71] Vock 1998: 70-71.

Lebenslage"[72] mit besonderer Kenntnis der Problemsituation, ihrer Ressourcen und des bisherigen Verlaufs zu sehen, die als Leistungsberechtigte (Eltern) und Adressaten eine wichtige Rolle mittels 'Koproduktion' und Kooperation einnehmen.[73]

Der Kundenbegriff darf folglich nicht darüber hinwegtäuschen, daß zwischen den Kunden und der Einrichtung bzw. zwischen verschiedenen Allianzen teils erhebliche Asymmetrien der Macht sowie Interessenskonflikte bestehen, die auch zu internen Zielkonflikten, bspw. zwischen Be- und Entmündigung der Eltern, führen können. So sind auf Seiten der Einrichtung und des Jugendamtes Fachwissen, Routine und (staatliche Ordnungs-)Macht zu konstatieren, denen auf Seiten der Eltern und der Jugendlichen fehlende Sachkenntnis, Hilfebedürftigkeit und Elternrechte entgegenstehen können. Das Jugendamt hat im Vergleich zu einer Einrichtung als de facto Auftraggeber den Vorzug der Wahlfreiheit und der Finanzierung, die Einrichtung wiederum den der besseren Kenntnis der Problemlage. Während eine Einrichtung eine lange Hilfedauer mit 'einfachen' Fällen aufgrund der Belegung begrüßt, sind Jugendämter, Eltern und Jugendliche eventuell auf eine baldige Rückkehr ins Elternhaus oder Hilfe auch für 'schwierige' Fälle bedacht.[74] – Neben diesen sind auch interne Interessenskonflikte zu nennen. So wissen sich Jugendamtsmitarbeiter einerseits der wirtschaftlichen Jugendhilfe mittels möglichst niedriger Kosten verpflichtet, andererseits haben sie gemäß dem Auftrag in § 27 KJHG "eine dem Wohl des [...] Jugendlichen entsprechende Erziehung" zu gewährleisten. Die Einrichtung sieht sich sowohl mit divergierenden Ansichten und Zielen von Mitarbeitern unterschiedlicher Professionen konfrontiert, als auch mit dem Problem, durch erfolgreiche Arbeit und Entlassung von Jugendlichen zugleich ihre Mindestbelegung zu gefährden.[75]

Aufgrund der genannten Macht- Wissens- und Finanzungleichgewichte, die Einrichtungen dazu verleiten, "sich an den Bedürfnissen ressourcenrelevanter Umwelten [und damit der Jugendämter] auszurichten"[76], ist für die Qualitätsentwicklung eine umfassende 'Kundenorientierung' unabdingbar. Letztere meint in diesem Sinne, die Bedürfnisse und Erwartungen der Kunden zu ermitteln, diese möglichst einvernehmlich zusammenzuführen, die Anforderungen zu erfüllen, die Erwartungen möglichst zu übertreffen, auf Vertrauen und Integration aufbauende Beziehungen zu pflegen

---

[72] Reckert 1998: 23.
[73] Vgl. Bäcker/u.a. 2000: 334, 351-352. Vock 1998: 77-80.
[74] Vgl. Kühn 1998b: 439-440. Post 2002: 40. Reckert 1998: 23-24. Struzyna 2002: 41-44. Vomberg 2002a: 15.
[75] Vgl. Jochum/Wingert 1991: 239-241. KGSt 1993: 13. Struzyna 2002: 41-42.
[76] Blandow/u.a. 1999: 66-67.

und die Kunden in einen dialogischen Auswertungsprozeß einzubinden, um so größtmögliche Zufriedenheit zu erreichen.[77]

3.5.2. Festlegung von Qualitätszielen und Qualitätskriterien

Eine gelingende Qualitätsentwicklung basiert auf der Festlegung von Qualitätszielen und Qualitätskriterien und sollte gemeinsam mit den Kunden vorgenommen werden. Hinsichtlich der Qualitätsziele geht es zum einen um Erziehungsziele der konkreten Arbeit im Einzelfall, die aus den Erwartungen und Anforderungen aller Beteiligten und rechtlichen Vorgaben abgeleitet und gewichtet werden. Dabei sollten zukünftige Lebensbedingungen ebenso bedacht werden wie daraus sich ergebende Anforderungen an die Jugendlichen und ihre Eltern, um so das Fundament einer gelingenden Lebensführung zu legen. Die Ergebnisse finden dann Eingang in die Hilfe- und in die Erziehungsplanung.[78]

Zum anderen sind einrichtungs- und angebotsspezifische Ziele zu definieren, welche die qualitätspolitischen Grundsätze konkretisieren, und in den Leistungsbeschreibungen und Konzepten zu dokumentieren. In Verbindung mit der Festlegung von Indikatoren und Analyseinstrumenten erhält man qualitative und quantitative Zieldefinitionen, welche der Handlungsorientierung und der Überprüfbarkeit der Zielerreichung dienen. Ziele sollten stets "smart", d.h. "spezifisch", "messbar", "aktionsorientiert", "realistisch"[79] und 'terminiert', sowie herausfordernd, positiv und eindeutig formuliert sein. Sie können auf mehrfache Weise gewonnen werden: Die Beteiligung der Kunden ist z.B. durch die Auswertung von Beschwerden, Vorschlägen oder Gewichtungen bei Befragungen möglich. Fachliche und gesetzliche Vorgaben können ebenso wie Ergebnisse örtlicher Qualitätsgemeinschaften oder eines Benchmarking, d.h. eines Vergleichs mit anderen Organisationen, herangezogen werden. Zuletzt können Qualitätsziele selbst erarbeitet werden, bspw. mittels Verfahren der Evaluation oder der Balanced Scorecard. Letztgenannte ist ein Instrument, um die Vision und Strategie eines Unternehmens zu übersetzen und in Bezug auf die vier Bereiche *Finanzen*, *Geschäftsprozesse, Lernen und Entwickeln* sowie *Kunden* in Form je spezifischer *Ziele, Meßgrößen, operativer Vorgaben* und *Maßnahmen* transparent darzustellen. Dadurch werden eine Transparenz der Ziele und die Erfassung des komplexen Ein-

---

[77] Vgl: EFQM 2000: 7. Hohenschild 2002: 49. Merchel 2000: 16-17.
[78] Vgl: Drabner/Pawelleck 1998: 34. Freigang/Wolf 2001: 178-179. Wolf 1995: 31, 55.
[79] Vock 2001: 15.

richtungsgeschehens mit wenigen Kennzahlen als Grundlage eines weiterführenden Controlling erreicht.[80]

Auch Qualitätskriterien können unter Beachtung rechtlicher Vorschriften intern und/oder in dialogischen Prozessen gewonnen werden. Sie stellen in hiesigem Verständnis eine Übersetzung der Qualitätsziele in fachliche und methodische, teils standardisierte Güte- und Leistungskriterien dar, welche strukturelle Aspekte und Handlungsschritte bzw. -regeln einzelner Prozesse beschreiben. Im Detail kommen sie damit qualitativen und quantitativen Indikatoren sehr nahe oder sind ohne größere Umstände in solche zu übersetzen. Als qualitative Merkmale dienen sie besonders der Umsetzung und Überprüfbarkeit von prozeßqualitativen Zielen. Im Einzelfall sind dann wie bei der Vereinbarung der Ziele Schwerpunktsetzungen hinsichtlich der Kriterien möglich und sinnvoll.[81]

3.5.3. Meßbarkeit und Indikatoren der Zielerreichung

Die Meßbarkeit mittels Indikatoren stellt "als der Idealzustand in der Qualitätsdebatte"[82] aufgrund der damit verbundenen Überprüfbarkeit und Darstellbarkeit von Qualität eine eindeutige Zielorientierung in Bezug auf einzelfall- und einrichtungsspezifische Ziele dar. Allerdings wirft eine Quantifizierung in Form von Meßzahlen viele Fragen und Probleme auf:

- Aufgrund des beschriebenen Konstruktcharakters von 'Qualität', divergierender Ziele und Machtungleichgewichte ist größtmögliches Einvernehmen nicht nur bezüglich der Ziele, sondern auch bei der Definition und Gewichtung der Indikatoren grundlegend.
- Es besteht keine Einigkeit darüber, was allgemein eine gute Hilfe ausmacht.
- Bisher existieren nur wenige erziehungshilfespezifische Meßverfahren.
- Hinsichtlich der Erhebungssituation ist zu beachten, wer nach welchen Kriterien die Qualität beurteilt und dadurch Einfluß nimmt auf Situation und Meßwerte.

---

[80] Vgl: Beywl/Heiner 2000: 122-123, 130. Bruhn 2000: 37-39. Drabner/Pawelleck 1998: 33. Sierke 2002: 15-16. Wendt 2002: 20.
[81] Vgl: Drabner/Pawelleck 1997: 9. LVR 2001: 3. LVR/LWL 2003: 31. Merchel 2002: 129. Spiegel 2000a: 45.
[82] Merchel 2002: 129.

- Meßwerte vermögen die Komplexität sozialpädagogischer Prozesse aufgrund des "strukturellen Technologiedefizits"[83] nicht angemessen abzubilden und tendieren durch formale quantitative Vergleiche "zu einer Technisierung der Qualitätsbewertung."[84]

- Wesentliche Ergebnisse lassen sich nicht in Zahlen abbilden, welches eine objektive Überprüfung guter Leistungen erschwert.

Aufgrund dieser Problematiken ist eine nachvollziehbar begründete Auswahl und Zuordnung von Meßwerten sowie eine Kommentierung der Ergebnisse unabdingbar. Aussagen über Qualitätskriterien und Wirkungen sollten sich immer auf mehrere Indikatoren stützen, um den Komplexitätsverlust möglichst gering zu halten.[85]

Indikatoren lassen sich in quantitative Meßwerte und qualitative Daten unterscheiden, welche eine Operationalisierung der Qualitätskriterien darstellen und entweder deskriptiven, die Wirklichkeit erfassenden Charakter oder Steuerungscharakter zur gezielten Veränderung der Wirklichkeit aufweisen. Quantitative Meßwerte umfassen absolute und relative Zahlen. Kennzahlen hingegen sind das Ergebnis einer Verdichtung dieser datenmäßig erfaßbaren Sachverhalte mit dem Ziel einer schnellen und prägnanten Information über ein Aufgabenfeld und können in einem Kennzahlensystem zusammengefaßt werden. Qualitative Daten sind beobachtbare Ereignisse und "empirisch nachprüfbare Größe[n], die als Hilfsgröße[n] für nicht direkt meßbare Sachverhalte [...dienen] und Tendenzen bzw. Veränderungen deutlich machen."[86] – Nur die Berücksichtigung quantitativer *und* qualitativer Indikatoren trägt dabei der Komplexität der Heimerziehungspraxis angemessen Rechnung. Sie ermöglichen eine Feststellung der Zielerreichung bzw. des Zielerreichungsgrades, zeigen bspw. in graphischer Darstellung Entwicklungen auf und bilden die Grundlage einer intersubjektiven Verständigung über die Angemessenheit des Geschehens und eventuelle zielgerichtete Veränderungen. Mit ihrer Hilfe lassen sich Steuerungen via Zielformulierungen umsetzen und interne wie externe Vergleiche anstellen. Nicht zuletzt erlauben

---

[83] Blandow/u.a. 1999: 77; zitieren Luhmann/Schorr 1982: o.S..
[84] Merchel 2002: 129.
[85] Vgl: Finkel/Hamberger 1998a: 65-66. Merchel 1999: 179. Merchel 2002: 129. Petermann 2002: 58. Spiegel 2000b: 180.
[86] Jordan 2000: 275; zitiert KGSt 1991: 23.

sie einen Diskurs über Qualität, über geeignete Maßnahmen und Analyseinstrumente der Qualitätsentwicklung.[87]

3.5.4.   Analyseverfahren und Bewertungsinstrumente

Verfahren und Instrumente der Erhebung, Analyse und Messung dienen der Bewertung der Struktur-, Prozeß- und Ergebnisqualität und ermöglichen über Aussagen zur Qualitätszielerreichung bzw. zum Zielerreichungsgrad anschließende, zielgerichtete Veränderungen. Neben der Klärung von Durchführungsformalia wie Verantwortlichkeiten und Zeiträume sollten Analyseinstrumente und Indikatoren folgende Gütekriterien erfüllen: Sie müssen Objektivität gewährleisten, d.h. verschiedene Beurteiler müssen zu gleichen Ergebnissen kommen, und Kriterien der Trennschärfe, der Relevanz und der Vollständigkeit erfüllen. Zudem müssen sie ökonomisch und differenzierungsfähig sein, Validität gewährleisten, d.h. das erfassen, was sie zu erfassen vorgeben, und Reliabilität bzw. Verläßlichkeit bieten, um so unter gleichen Bedingungen zu gleichen Ergebnissen zu führen. Die Datenerhebung geschieht zumeist unter Zuhilfenahme von Protokoll- und Fragebögen, Check- und Diagnoselisten, wobei letztere Aufzählungen von Eigenschaftswörtern oder von kurzen Beschreibungen zum Ankreuzen verbaler, graphischer oder numerischer Skalenwerte vorsehen.[88] Dabei lassen sich folgende Methoden mit jeweils zugehörigen Verfahren und Instrumenten beschreiben:

Methoden der *Befragung und Schätzung* können sich auf Erzieherteams, Mitarbeiter und alle Kunden beziehen und ermöglichen sowohl einzelfall- als auch einrichtungsbezogene, kriteriengeleitete Relevanz-, Einstellungs- und Zufriedenheitsanalysen. Sie liefern zudem wichtige Erkenntnisse über Stärken und Schwächen einer Einrichtung bzw. bestimmter Leistungen. Befragungen oder Einschätzungen können mündlich in Form von Interviews oder schriftlich als Fragebogenverfahren durchgeführt werden, wobei sich eine Kombination aus offenen und geschlossenen Fragen als optimal erwiesen hat. Eine anschließende Information der Befragten über Ergebnisse und zu ziehende bzw. gezogene Konsequenzen sollte selbstverständlich sein. Als dialogische Verfahren kommen außerdem Hilfeplangespräche, Teamgespräche und die Erzie-

---

[87] Vgl: Eversheim 1997: 175-176. Gerull 1999: 18. Jordan 2000: 286-287. König 2000: 107. Merchel 2002: 129.

[88] Vgl: Bröckermann 1997: 164-166, 174-175. König 2000: 88-91. Macsenaere 2002: 103.

hungsplanung in Betracht, sowie Gruppendiskussionen mit und unter den Jugend-lichen.[89]

Beobachtungen dagegen zielen, besonders in Form planvoller, selektiver und ziel-gerichteter Wahrnehmung von Vorgängen, Personen oder Ereignissen entweder auf einzelfallbezogene Verhaltens- und Situationsanalysen, oder auf einrichtungsbezoge-ne Prozeß-, Performanz- und Interaktionsanalysen. Strukturierte Beobachtungen er-möglichen dabei eine Quantifizierung und intersubjektive Kontrolle. Verfahren und Instrumente, die sich auf Beobachtungen stützen, sind z.b. die Teamreflexion, Selbst-und Fremdevaluation, Supervision, kollegiale Fallberatung und Visitation, interne Audits sowie Video- und Audiodokumentation. Während Supervision zumeist die von externen Fachkräften begleitete Reflexion der Qualität des Interaktionsgesche-hens mit Kunden und Kollegen sowie die persönliche Unterstützung bei Problemen beinhaltet, bezeichnet kollegiale Beratung die Beobachtung und Bewertung des alltäglichen Vorgehens durch einen 'teamexternen' Arbeitskollegen sowie die gemein-same Auswertung mit den Zielen einer besseren Aufgaben- und Problembewältigung durch neue Sichtweisen. Evaluation hingegen beschreibt eine kriteriengeleitete Auswertung von Teilaspekten der beruflichen Arbeit durch interne (Selbstevaluation) oder externe Fachkräfte (Fremdevaluation) in Anlehnung an Methoden der empiri-schen Sozialforschung, um so "Entscheidungen über die Optimierung der pädagogi-schen Arbeit"[90] treffen zu können.[91]

Die *Akten- und Dokumentenanalyse* stützt sich auf vorhandene Nachweisdokumente: Auf der Grundlage von Check- bzw. Diagnoselisten sowie Gutachten als Ergebnisse einer Verlaufsdiagnostik, von Hilfeplanprotokollen, Erziehungsplänen und Zeugnis-sen wird eine einzelfallbezogene Entwicklungs- und Zielerreichungsanalyse durchge-führt. Die Aufsummierung dieser individuellen Ergebnisse und weitere statistische Dokumente bilden die Basis einrichtungsbezogener Leistungsanalysen, welche zudem der Rechenschaftsablage und dem Qualitätsnachweis dienen können. Dazu ist als Instrument eine strukturierte, nachvollziehbare Aktenführung im Einzelfall und bezüglich der Wohngruppen z.B. in Form von Teamakten, Gruppenbüchern und Statistiken unabdingbar.[92]

---

[89] Vgl: Bruhn 2000: 37-38. Hansbauer/Kriener 2000a: 231, 237. Hohm 2002: 142-143. König 2000: 135-136.

[90] Spiegel 2000a: 63-64.

[91] Vgl: Berker 1998: 313-316. Flosdorf/u.a. 1987: 75. König 2000: 138-140. Spiegel 2000a: 63-66.

[92] Vgl: Finkel/Hamberger 1998b: 83-84. Geiser 2000: 26-27, 41.

Ein *Beschwerdemanagement und Vorschlagswesen* meint, durch die Wahrnehmung von Mängeln oder Vorschlägen Schwerpunkte herauszufiltern und diese als wichtige Hinweise und Ansatzpunkte für Verbesserungen, nützliche Korrekturen und Innovationen zu sehen. Verfahren und Instrumente der Informationsgewinnung sind bspw. Befragungen, bekanntgemachte Vorschlags- und Beschwerdemöglichkeiten oder Versammlungsgremien der Jugendlichen und der Mitarbeiter.[93]

---

[93] Vgl: Gerull/Post 1999: 21-22. Jaenicke 2002: 3, 7. Vock 2001: 35-36.

4.   Qualitätsentwicklung in der Heimerziehung

Im Folgenden wird die konkrete Umsetzung kundenorientierter Qualitätsentwicklung als kontinuierliche Aufgabe im Heimalltag behandelt. Ausgehend von Qualitätszielen allgemeiner und einrichtungsspezifischer Art werden zunächst strukturelle Voraussetzungen und Leistungen der Leitung und der Verwaltung dargestellt. Dem schließt sich eine detaillierte Beschreibung prozessualer Qualität sozialpädagogischer und psychologischer Leistungen im Einzelfall, im Gruppenalltag und in Bezug auf die Personensorgeberechtigten an, wobei auch Ziele und strukturelle Kriterien sowie Meßgrößen und Analyseinstrumente jeweiliger Aspekte der Struktur-, Prozeß- und Ergebnisqualität genannt werden. Allerdings ist hier aufgrund der Diversifikation von Gruppen, Konzepten und Einrichtungen eine Beschränkung auf bestimmte zentrale Situationen und Kriterien, denen im Heimalltag eine Schlüsselfunktion zukommt, notwendig.

4.1.   Qualitätsziele als Ausgangspunkt der Qualitätsentwicklung

Bei der Konstruktion einrichtungs- und/oder angebotsspezifischer Qualitätsprofile und Konzepte sind zunächst grundlegende, übergeordnete Ziele und Maßstäbe als verbindlicher Rahmen und Grundlage der Qualitätsentwicklung zu berücksichtigen. Sie stellen allgemeine Leitlinien des Handelns dar und sind deshalb in einrichtungs- bzw. angebotsspezifische Praxisziele zu übersetzen, wobei Besonderheiten der Einrichtung und des Hilfebedarfs der Klientel zu berücksichtigen sind.[94]

4.1.1.   Grundlegende Ziele der Jugendhilfe und der Heimerziehung

Allgemeine Ziele, Strukturmaximen und Leitvorstellungen der Jugendhilfe und der Heimerziehung stellen als gesetzliche, politische, ethische und fachliche Handlungs- und Wirkungsziele einen verbindlichen Rahmen sowohl für die Entwicklung von Leistungen und deren Qualität, als auch für deren Bewertung dar.[95] Dabei sind zunächst drei "fachliche Eckwerte einer modernen [...] Jugendhilfe" zu nennen, die der

---

[94] Vgl: Hekele 1999: 212. Merchel 1998b: 250.
[95] Vgl: LVR/LWL 2003: 29.

11. Kinder- und Jugendbericht wie folgt beschreibt: *"Lebensweltorientierung* bedeutet konsequente Hinwendung zu und Orientierung an den Lebenslagen und Lebensverhältnissen sowie den Deutungsmustern [...] der [...] Adressaten", um deren Teilhabemöglichkeiten und Eigenverantwortung zu stärken. Die *"Dienstleistungsorientierung"* stellt die "Interaktion zwischen den Fachkräften und den [...] Adressaten in den Mittelpunkt und betont deren >Ko-Produzenten-Rolle<" sowie Partizipation an allen sie betreffenden Entscheidungen. Als drittes drückt sich *"Professionalität* [...] darin aus, dass Kompetenz für fachliches Handeln [...] gezielt erworben, erlernt und eingeübt werden muß", um einen "kompetenten Umgang mit komplexen [...] Anforderungen" zu gewährleisten.[96] Auf der Basis der Lebensweltorientierung benennt der 8. Jugendbericht fünf Strukturmaximen:

1) *Prävention* als Orientierung an stabilen, lebenswerten Verhältnissen der Adressaten.

2) *Dezentralisierung und Regionalisierung* in Form einer Verortung der Hilfe in lokalen und regionalen Strukturen und des Aufbaus tragfähiger, sozialer Netze.

3) *Alltagsorientierung* als ganzheitliche und umfassende Hilfe anhand der Orientierung an der Lebenswirklichkeit und den sozialen Systemen der Adressaten.

4) *Integrative Orientierung* und Normalisierung durch Vermeidung von Ausgrenzungen.

5) *Partizipation* in Form der Mitbestimmung und Sicherung von Rechten der Adressaten.[97]

Die KGSt beschreibt 1993 als Leitvorstellungen der Jugendhilfe außer diesen Maximen noch die *Gleichberechtigung,* die *Hilfe zur Selbsthilfe,* den *Angebotscharakter* im Sinne von Bedarfsorientierung und die *Vielfalt und Vernetzung der Angebote.*[98]

Das KJHG benennt weitere allgemeine Ziele in §§ 1 bis 9 sowie arbeitsfeldbezogene Ziele, von denen außer den genannten Strukturmaximen und Leitvorstellungen zunächst die folgende Auswahl an allgemeinen Zielen bezüglich der jungen Menschen zu nennen wäre[99]:

• Erziehung zu gemeinschaftsfähigen, eigenverantwortlichen Persönlichkeiten (§ 1),

• Förderung "in ihrer individuellen und sozialen Entwicklung" (§ 1),

• Schutz vor Gefahren (§ 1),

---

[96] BMFSFJ 2002: 63-64.
[97] Jordan/Schone 2000: 101-102; zitieren BMJFFG 1990: 1.
[98] KGSt 1993: 11-13.
[99] Vgl. auch: Jordan/Schone 2000: 105-107.

- Erhalt oder Schaffen positiver Lebensbedingungen, auch für die Familien (§ 1),
- Beratung und Unterstützung der Eltern bei der Erziehung (§ 1),
- Beachtung besonderer religiöser, sozialer und kultureller Bedürfnisse (§ 9).

Arbeitsfeldbezogene Ziele im KJHG umfassen bspw. die

- Bedarfs- bzw. Einzelfallorientierung der Hilfe (§ 27), die
- Einbeziehung des engeren sozialen Umfeldes (§ 27) und die
- Beteiligung von Jugendlichen und Eltern bei der Hilfewahl und -gestaltung (§§ 36, 37).

§ 34 weist neben der Beratung und Unterstützung "in Fragen der Ausbildung und Beschäftigung" sowie der "allgemeinen Lebensführung" drei generelle Ziele auf:
1) Die "Rückkehr in die Familie",
2) die Vorbereitung der "Erziehung in einer anderen Familie", oder
3) das Angebot einer "auf längere Zeit angelegten Lebensform" und "Vorbereitung auf ein selbständiges Leben."

Dies verlangt je unterschiedliche Erziehungsarrangements und Schwerpunktsetzungen. Weitere beispielhafte Handlungsziele in der Heimerziehung sind die Gestaltung jugendkonformer Lebenswelten, Angebote attraktiver Lernfelder, Distanz von belastenden Beziehungen und Aufgaben, Ziel- und Perspektivenorientierung des Erziehungsgeschehens, Ressourcenorientierung und individuelle, konsistente, stabile und affektive Beziehungen auch außerhalb der Einrichtung. Damit verbundene Wirkungsziele umfassen bezüglich der Jugendlichen bspw. die Kompensation von Sozialisationsdefiziten, das Ablegen 'negativer' Verhaltensmuster, das Erkennen von Zukunftsperspektiven, eine gute emotionale, kognitive, psychosoziale und körperliche Entwicklung, eine produktive und funktionale Selbständigkeit, und bezüglich der Eltern z.B. eine Aktivierung und Stärkung deren Erziehungskompetenz.[100]

---

[100] Vgl: Finkel/Hamberger 1998a: 71; zitieren Thiersch 1973: 76. LVR/LWL 2003: 17-18. Merchel 1999: 177-178. Münder/u.a. 1998: 306. Wolf 2002: 16.

4.1.2. Einrichtungs- und angebotsspezifische Ziele

Einrichtungs- und angebotsspezifische Ziele sind solche, die nicht für alle Einrichtungen der Heimerziehung Gültigkeit besitzen, weil sie sich auf bestimmte Konzepte oder eine bestimmte Klientel beziehen. Hierbei handelt es sich um Praxisziele, die bei hohem Detaillierungsgrad als konkrete Verfahrens- und Ergebnisziele Qualitätskriterien sehr nahe kommen.[101] Sie umfassen als kundenbezogene bspw. die folgenden Ziele:

* Übergeordnete gründungsbezogene oder konfessionelle Ziele wie z.B. die Orientierung an Wert und Würde der Adressaten auf der Basis christlicher Nächstenliebe.

* Organisationsbezogene Ziele einer besonders hervorzuhebenden internen Vernetzung, Flexibilität und Innovativität in Bezug auf Angebote und Einzelfall, sowie ein starkes soziales Engagement vor Ort, auch mit dem Ziel der Entstigmatisierung der Jugendlichen.

* Angebotsspezifische Ziele wie z.B. klinische, psychotherapeutische Orientierung, Erlebnisorientierung, Konflikt- und Beziehungsfähigkeit, Toleranz oder Suchtabstinenz.

* Interaktionsbezogene Ziele als akzeptierende Hilfe, verläßliche und umfangreiche Kooperation mit Eltern und Jugendamt sowie Integration der Eltern in den Heimalltag.[102]

Einrichtungs- und angebotsspezifische Ziele finden zusammen mit grundlegenden Zielen Eingang in die Qualitätspolitik, in Leitbilder, Konzepte und Leistungsbeschreibungen. Für das alltägliche Handeln müssen sie operativ formuliert und in konkrete Maßnahmen und Schritte unter Beachtung struktureller Bedingungen übersetzt werden. Als Standards fachlichen Handelns gewährleisten sie eine optimale Umsetzung und bieten so beste individuelle Erfolgsaussichten, weshalb sie auch als Qualitätsziele bezeichnet werden können.[103]

---

[101] Vgl: Hekele 1999: 212. Merchel 1999: 178.
[102] Vgl: Caritas-Jugendhilfe GmbH 1997: 8. Hansbauer 2003: 113. Schneider 2002b: 366.
[103] Vgl: Hamberger 1998b: 236.

4.2. Strukturelle Voraussetzungen und deren Qualität

Im Folgenden soll die Qualität struktureller und institutioneller Faktoren sowie unterstützender, sekundärer Prozesse als Voraussetzung einer guten (Primär-)Prozeß- und Ergebnisqualität beleuchtet werden. Der Schwerpunkt liegt dabei auf kundenorientierten Leistungen, die überwiegend in den Zuständigkeitsbereich der Einrichtungsleitung und -verwaltung fallen. Die je nach Größe in der Heimerziehungspraxis vorzufindende Differenzierung in Heim- und Erziehungsleitung, Personal- und Finanzverwaltung, sowie weitere unterstützende Stellen soll hier und auch weiterhin durch ausschließliche Verwendung der Begriffe 'Leitung' und/oder 'Verwaltung' vereinfacht werden. Ausgehend von allgemeinen Aufgaben der Leitung und Verwaltung sollen strukturelle Aspekte des konzeptionellen, des baulich-räumlichen und des personellen Bereichs, gruppenübergreifender jugendgerechter Partizipation und externer Kooperationen beschrieben werden.

4.2.1. Allgemeine Aufgaben der Leitung und der Verwaltung

Zentrale Funktionen der *Leitung* beinhalten strategische und operative Zielsetzungen, Planungen und Entscheidungen sowie deren Realisation und die Kontrolle der Umsetzung, die als Steuerungs- und Initiativfunktion zu beschreiben und um die Vorbild- und Unterstützungsfunktion zu ergänzen sind. Ihr Aufgabenfeld umfaßt die Gesamtverantwortung und je nach Differenzierung auch die Arbeit in folgenden Bereichen:

- Festlegung der formalen Organisationsstruktur bezüglich Spezialisierung, Koordination, Konfiguration, Entscheidungsdelegation und Formalisierung,
- Tätigkeiten gemäß Vereinssatzung oder Gesellschaftsvertrag,
- Finanzen, Ressourcen und betriebswirtschaftliche Angelegenheiten,
- Personalwesen, wie bspw. Personaleinstellung, -führung und -entwicklung,
- fachliche Aufsicht, Beratung und Unterstützung, Teilnahme an Hilfe- und Erziehungsplanung, Aufnahme und Entlassung von Jugendlichen, sowie Elternarbeit,
- Immobilienverwaltung,
- Außenvertretung, Zusammenarbeit mit Jugendämtern und auch jugendhilfepolitische Aktivitäten, sowie Meldepflichten (z.B. nach §§ 45, 47 und 99 KJHG), sowie

- Qualitätsentwicklung mit Gewährleistung deren Umsetzung, und Konzeptentwicklung.[104]

Die *Verwaltung* hat "eine interne Dienstleistungsfunktion und eine Außenvertretungsfunktion in allen betriebswirtschaftlichen und rechtlichen Fragen."[105] Ihre Aufgaben sind bspw. die

- Korrespondenz, Aktenführung, Bearbeitung von Anträgen und behördliche Belange,
- Leistungsabrechnung und betriebswirtschaftliches Controlling,
- Finanzbuchhaltung und Finanzplanung, Spenden- und Adreßverwaltung,
- Personalverwaltung, -planung und Gehaltsbuchhaltung.

Leistungen der Verwaltung und der Leitung sind weit überwiegend unterstützender Natur hinsichtlich pädagogischer Prozesse und Ziele und deshalb der Strukturqualität zuzurechnen, deren Wertigkeit sich jedoch erst im Zusammenhang mit den Wirkungen zeigt, "im Hinblick auf die sie sich als förderlich, als unerheblich oder auch als hinderlich erweist."[106]

4.2.2. Qualitätsentwicklung und konzeptioneller Bereich

Die Qualitätsentwicklung trägt nicht nur durch ihre Ergebnisse zu besseren Leistungen bei, sondern auch das gemeinsame Erarbeiten von Qualitätszielen, Indikatoren, Leitbildern, Leistungsbeschreibungen usw. mit den Mitarbeitern und den Kunden führt zu einer Qualifizierung mittels eines Lernprozesses der Mitarbeiter als Folge methodischer Reflexion. Qualifizierend wirkt zudem die Strukturierung alltäglichen, pädagogischen Handelns, ein intern einheitliches Verständnis von Begriffen und die Entwicklung kunden- und zukunftsorientierter Konzepte. In Verbindung mit dem Sammeln von Ergebnissen und deren Auswertung lassen sich Erfolge sichtbar machen, Mißerfolge erklären und realistische Erfolgsaussichten bieten, welche die Mitarbeiter motivieren und den Kunden Sicherheit geben. Gruppenvergleiche ermöglichen bei richtiger Vermittlung auch negativer Ergebnisse ein gegenseitiges Lernen z.B. durch internes Benchmarking und damit ein erfolgreicheres Vorgehen. Eine den

---

[104] Vgl: Gerull 1999: 44. LVR/LWL 2003: 23. Mangler 2000: 227. Ottmann/Riepe-Lahrmann 1999: 110.
[105] LVR/LWL 2003: 23.
[106] Schneider 2002b: 364. Vgl: Abrahamczik 1998: 112-113. LVR/LWL 2003: 23-24.

Hilfeprozeß begleitende Qualitätskontrolle z.B. anhand fundierter Planung, Supervision und schriftlicher, wöchentlicher Dokumentation zeigt ihre Wirkung bei der Symptomreduktion und der Erweiterung sozialer Kompetenz der Jugendlichen. Letztlich führt auch die Existenz von Schriftstücken wie qualitätspolitischen Grundsätzen, Leitbild, Konzeption, Leistungs- und Qualitätsentwicklungsbeschreibungen oder Qualitätshandbüchern bei Weitergabe an die Kunden nicht nur zu einer höheren Transparenz und damit zu größerem Vertrauen in die Leistungsfähigkeit einer Einrichtung, sondern auch zu höherer Verbindlichkeit durch freiwillige oder rechtliche Gewährleistungsverpflichtung.[107]

Die *qualitätspolitischen Grundsätze* informieren als Grundlage für die Ausrichtung einer Einrichtung nicht nur über das Ergebnis einer Zusammenführung des im Leitbild formulierten Selbstverständnisses mit den vorhandenen Ressourcen und den angestrebten Zielen, sondern auch über die Qualität der Interaktion mit den Kunden.[108]

Das *Leitbild* kann man definieren als "die Vereinigung von Mission und Vision, also die Quintessenz der obersten Unternehmensziele."[109] Leitbilder enthalten Aussagen zur Gründung und einem damit verbundenen Gründungsauftrag, zum Selbstverständnis bzw. der Identität in Form von Leitzielen und -werten als Mission einer Einrichtung, zu daraus abgeleiteten Umgangsformen, zur Einrichtungskultur und zu kennzeichnenden bzw. auszeichnenden Eigenschaften. Neben dem Aufgabenfeld und der Zielgruppe informiert ein Leitbild noch über die Vision in Form zukünftiger Herausforderungen. Gemeinsam erarbeitete Leitbilder dienen der Orientierung und Sinnstiftung, der Profilierung und Identifikation der Mitarbeiter mit den Zielen, sowie der Kohäsion.[110]

Die *Konzeption* einer Einrichtung stellt ein gedankliches, handlungsleitendes Grundgerüst dar, das neben dem pädagogischen und ethischen Grundverständnis auch über Zielgruppen, Ziele, Methoden, und Qualität von Leistungen informiert und oft werbende Funktion besitzt. Mitarbeiterbezogen dient es deren beruflicher Identifikation durch Verinnerlichung gemeinsamer Grundhaltungen und Normen, welches wieder-

---

[107] Vgl: Gerull 1997: 380. Konermann 2001: 93. Kröger 2003: 27. Macsenaere 2002: 109. Merchel 1998b: 261. Schmidt 2002b: 527.
[108] Vgl: Drabner-Pawelleck 1997: 47. Schreyer-Schubert/u.a. 2000: 83.
[109] Sierke 2002: 15.
[110] Vgl: Eversheim 1997: 42-45. Schreyer-Schubert/u.a. 2000: 83-86.

um durch Konstanz im Betreuungsprozeß den Jugendlichen den Aufbau eines inneren Halts durch einen stabilen äußeren Rahmen ermöglicht.[111]

Leistungsvereinbarungen und als deren Grundlage alle gruppen- und angebotsspezifischen Leistungsbeschreibungen stellen eine Informationsgrundlage für Kunden par excellence dar. Nach § 78c KJHG müssen sie Aussagen zu "Art, Ziel und Qualität des Leistungsangebots", zur Zielgruppe, zur personellen und sächlichen Ausstattung, zur "Qualifikation des Personals" und zu "betriebsnotwendigen Anlagen" enthalten. Die Einrichtung muß damit gewährleisten, daß ihre Angebote "geeignet sowie ausreichend, zweckmäßig und wirtschaftlich sind." In Verbindung mit Aussagen zu Kosten, Platzzahl, Betreuungsschlüssel, Namen der Pädagogen, deren Zuständigkeiten und Telefonnummern, Lageplan, Anschrift usw. stellen sie eine wichtige gruppen- oder einrichtungsspezifische Information und Planungsgrundlage für die Kunden dar, die zusätzlich in Prospektform gestaltet sein könnte. Zudem könnten sich die Kunden bei Beschwerden und Versäumnissen darauf berufen. Leistungsbeschreibungen beinhalten überwiegend strukturqualitative Aspekte und viele Indikatoren, wie z.B. die Anzahl und Vielfalt an Angeboten, Gruppen und Methoden, Mitarbeiterqualifikationen, Lage der Gruppen und eventuell auch Informationen über bisherige Erfolge.[112]

Schließlich kann auch das *Qualitätshandbuch* als "Übersicht über die gesamten Prozesse", strukturellen Bedingungen, erzielte Ergebnisse und "den Regelkreis der kontinuierlichen Verbesserung"[113] Auskunft geben. Es liefert damit den Kunden den Nachweis einer fachlichen Standards gerecht werdenden, kontrollierten Arbeit.[114]

4.2.3. Baulich-räumliche Ausstattung

Eine Einrichtung muß, um ihre Aufgaben und Ziele erfüllen zu können, kindgerecht gestaltete und der Leistungsvereinbarung entsprechende Gebäude, Räumlichkeiten und ein entsprechendes Umfeld vorhalten. Dabei sind Vorgaben des Gesetzgebers, wie z.B. in der Heimmindestbauverordnung aufgeführt, ebenso zu beachten wie Anforderungen der Heimaufsicht gemäß § 45 KJHG, die zwecks Erhalts der Betriebser-

---

[111] Vgl: Dedekind 1999: 87. Günder 2000: 104, 152.
[112] Vgl: Gerull 1999: 76. LVR/LWL 2003: 5. Macsenaere 2002: 104-105, 120.
[113] Drabner/Pawelleck 1997: 48.
[114] Vgl: Blandow 2001: 134.

laubnis zu erfüllen sind, und Vorschriften des Rahmenvertrages, bspw. im Hinblick auf Gruppengrößen wie in Kapitel 2.4. beschrieben.[115]

Da strukturelle und materielle Gegebenheiten einer Einrichtung, deren Räumlichkeiten und Inventar "einen wichtigen Einfluß auf das Gelingen der Hilfe"[116] besitzen, ist hier aufgrund der unter Punkt 2.4. beschriebenen Dezentralisierung und Regionalisierung der Heimerziehung zunächst die Frage nach dem Standort einer Wohngruppe zu stellen. Dieser kann sich z.b. auf einem zentralen Heimgelände, in 'normaler' Wohnlage und/oder in Milieunähe befinden. Zusätzliche gruppenübergreifende Angebote umfassen z.b. eine Zentralküche oder -wäscherei, die jedoch mit dem Ziel der Verselbständigung "immer durch dezentrale Selbstversorgung zu ergänzen"[117] sind, Freizeitanlagen und die Ausstattung von Verwaltungsräumen und -gebäuden. Andererseits kommen eher gruppenspezifische Aspekte der Gestalt einzelner Wohnungen und Zimmer in Betracht, um so z.B. gute soziale, hygienische und gesundheitliche Voraussetzungen zu bieten. Unter Gesichtspunkten milieutherapeutischer Heimerziehung sollten Wohngruppen so gestaltet sein, daß sie bewußt Orte der Begegnung und des Rückzugs bieten, um den Jugendlichen Gefühle der Gemeinschaft und des Angenommenseins, aber auch Erholung und Selbsterfahrung zu ermöglichen. Zudem trägt eine angenehme Atmosphäre zum Wohlbefinden bei und Einzelzimmer schützen Privatsphäre sowie persönlichen Besitz der Jugendlichen.[118]

Qualitätsindikatoren der Gebäude, Räumlichkeiten und Grundstücke der Gesamteinrichtung umfassen die Zentralisierung oder Milieunähe in Form durchschnittlicher Entfernung zu Elternhäusern, die Anzahl an Gruppen und Angeboten, die Grundstücksfläche, sowie die Anzahl und Art der Freizeitmöglichkeiten. Der Erhaltungszustand der Gebäude und Vorrichtungen, welcher sich z.B. im Investitionsbedarf niederschlägt, läßt Aussagen über die Bonität und Finanzlage einer Einrichtung zu, welche z.B. auch dem Landesjugendamt gegenüber bei einer Prüfung offenzulegen ist. – Indikatoren bezüglich einzelner Häuser und Wohnungen sind die Anzahl und Art von Zimmern, die Platzzahl, die Gesamtwohnfläche, die Gartenfläche, das Baujahr, letzte Renovierungen und die Art des Hauses, die Lage bzw. Entfernung hinsichtlich Nachbarschaft, Gemeinde, Elternhaus und Verkehrsanbindung, sowie die Größe und Anzahl an Einzel- und Mehrbettzimmern. Hinsichtlich der Ausstattung der Räumlich-

---

[115] Vgl: Abrahamczik 1998: 114. LVR/LWL 2003: 3.
[116] Finkel/Hamberger 1998a: 70.
[117] LVR/LWL 2003: 22.
[118] Vgl: Günder 2000: 139-142. LVR/LWL 2003: 23. Münder/u.a. 1998: 390.

keiten lassen sich Aussagen über Alter und Zustand der Möbel und technischer Geräte, sowie über Art und Anzahl der Spielmöglichkeiten machen. Die Atmosphäre und Wohnlichkeit der Häuser läßt sich über Befragungen und die Existenz bspw. neuer Möbel oder eines Kamins feststellen, und soll unter 4.3.3.1. noch genauer behandelt werden.[119]

4.2.4. Personalwesen und interne Vernetzung

Die Mitarbeiter sind die entscheidende Ressource, weil das Bild der Einrichtung besonders durch die Mitarbeiter geprägt wird, da der Kunde in erster Linie durch diese Kontakt zur Einrichtung aufnimmt. Die Orientierung an den Mitarbeitern als strukturqualitativer Faktor in Form der Qualifikation, Qualifizierung, Teamarbeit und internen Vernetzung gewinnt vor diesem Hintergrund große Bedeutung und zielt auf ein fachlich fundiertes Handeln und Selbstverständnis sowie Motivation und Zufriedenheit. Denn je reflexiver sich die Mitarbeiter mit dem Interaktionsgeschehen beschäftigen und je zufriedener sie sind, desto besser, wirksamer und zielgerichteter ist ihre Arbeit mit den Kunden.[120]

Auf dem Fundament einer Personalbestandsanalyse ist zunächst der Mitarbeiterbestand hinsichtlich der Anzahl und der Qualifikationen der Mitarbeiter zu ermitteln. Zur Qualifikation im weiteren Sinne zählen dabei Indikatoren des Ausbildungsabschlusses, der Berufserfahrung, der Einrichtungszugehörigkeit und zusätzliche Qualifikationen. Hinzu kommen Aussagen über das Alter und Geschlecht der Mitarbeiter, sowie zur Entlohnung und zum Beschäftigungsverhältnis, welches Aspekte der Befristung, der Wochenarbeitszeit und haupt-, ehrenamtliche oder Praktikantentätigkeit mit einschließt. Solche Angaben sind teilweise auch für die Kinder- und Jugendhilfestatistik oder in Verbindung mit Aussagen zu Stellenrelationen und besetzten Planstellen für die Kostenkalkulation im Rahmen der Entgeltvereinbarung zu erfassen. Unter Zuhilfenahme von Funktions- oder Stellenbeschreibungen als 'Kriterienkataloge' lassen sich somit bei vakanten Stellen Aussagen zu einer idealen Neubesetzung machen, wenn sich darin Anforderungen hinsichtlich fachlicher, sozialer, humaner und eventuell auch religiöser Kompetenzen befinden. In Verbindung mit Regelungen

---

[119] Vgl: Jordan 2000: 282. Kracht/Wieschollek 1996: 110. Münder/u.a. 1998: 390. Ottmann/ Riepe-Lahrmann 1999: 120.

[120] Vgl: Eversheim 1997: 70. Gehres 1997: 202. Günder 2000: 107.

für die Personalbetreuung stellen sie eine gute Grundlage für eine gelungene Einarbeitung neuer Mitarbeiter dar.[121]

Nach Ermittlung der individuellen Qualifikation und momentanen Leistung eines Mitarbeiters läßt sich diese mit dem aktuellen oder zukünftigen Anforderungsprofil einer Stelle abgleichen und der Qualifizierungsbedarf in einem jährlichen Beurteilungs- bzw. Entwicklungsgespräch z.B. in Schulungsplänen vereinbaren. Hierunter fallen Fort- und Weiterbildungen, Schulungen, Seminare, Tagungen, Maßnahmen der Personalentwicklung usw., die den Mitarbeitern unter Beachtung fachlicher Notwendigkeiten sowie individueller Interessen und Fähigkeiten die erforderlichen Qualifikationen und fundiertes Wissen vermitteln sollen. Dabei trägt eine kontinuierliche Weiterqualifizierung zu mehr Handlungssicherheit und qualifizierter Leistung bei, welches sich positiv auf die Entwicklung der Jugendlichen auswirkt und als zentrales Element der Qualitätsentwicklung bezeichnet werden kann. Die Dokumentation und Beurteilung der Maßnahmen bzw. der durchführenden Institutionen, sowie eine interne Weitervermittlung der Inhalte haben sich dabei als ideal erwiesen. Diesbezügliche Indikatoren sind die Art und Anzahl der Fortbildungsveranstaltungen, die Kosten, deren Übernahme und diese in Relation zum Gesamtbudget, die Gesamtstundenzahl sowie die Anzahl teilnehmender Mitarbeiter und diese in Prozent zu allen Mitarbeitern.[122]

Im Zusammenhang der Qualifizierung kann auch die Nutzung vorhandenen Wissens gesehen werden. Hierbei geht es einerseits um die Erfassung weiterer 'berufsfremder' Qualifikationen und Fähigkeiten der Mitarbeiter oder potentieller ehrenamtlicher Helfer z.B. in Ressourcenkatalogen, oder die Auflistung verfügbarer Fachinformationen in Schriftform, im Internet oder unter Zuhilfenahme Dritter. Ein Indikator wäre z.B. die Anzahl und Art gelesener sozialwissenschaftlicher Fachliteratur.[123]

Hinsichtlich der Führung von Gruppenteams sind zunächst grundlegende Aspekte der Koordination zu beurteilen, d.h. welche Entscheidungsbefugnisse zur Selbstabstimmung auf das Team verlagert werden. Hinzu kommt die Vorgabe von Oberzielen und Verhaltens- und Verfahrensregeln durch Leitungskräfte, deren motivierendes und informierendes Auftreten, sowie fachliche Beratung, Unterstützung und Kontrolle z.B.

---

[121] Vgl: Burmeister/u.a. 1998: 64-68. Eversheim 1997: 71. Flosdorf/u.a. 1987: 21. LVR/LVL 2003: 6-7. Schilling 2001: 9.

[122] Vgl: Abrahamczik 1998: 109-110. EFQM 2000: 17, 25. Eversheim 1997: 71-73. Finkel 1998c: 425-426.

[123] Vgl: Klatetzki 1998: 67. Schumacher, Stephan 2002: 5, 11-12.

durch die Teilnahme an den Teamsitzungen, welches "reale Autonomie im Sinne selbstverantworteter, kompetenter Praxis"[124] gewährleistet. In Verbindung mit dem Aufbau einer Vertrauenskultur, der Wertschätzung der Mitarbeiter und der Anerkennung deren Leistung steht ein kooperativer Führungsstil, bei dem sich die Leitung auch *selbst* als Vorbild zeigt. Dies dient einer besseren Zusammenarbeit und Teamintegration der Mitglieder, und fördert gegenseitiges Lernen.

Eine solche Zusammenarbeit bildet einen Teilaspekt interner Vernetzung als "Integration von verschiedenen Fachdiensten und damit auch Kompetenzen in einem Team."[125] Aufgrund der gemeinsamen Diagnose und Suche nach Lösungsmöglichkeiten im Einzelfall, sowie der Reflexion erbrachter Leistung gewährleistet sie eine optimale Bedarfsorientierung, Flexibilität und Innovativität. Interne Vernetzung zeigt sich aber auch in allen formellen und informellen Gremien und Treffen, bei kollegialer Beratung und bei gruppenübergreifenden Angeboten.[126]

Neben der Möglichkeit der Mitarbeiterbefragung zu strukturqualitativen Aspekten der Personalführung, der Verwaltungsleistungen und der Arbeit allgemein, läßt sich die Zufriedenheit und Motivation der Mitarbeiter z.B. an Indikatoren wie 'freiwilligen' Überstunden, Fluktuation, krankheitsbedingten Fehlzeiten, Anzahl und Inhalt von Beschwerden oder Vorschlägen, der vollständigen und regelmäßigen Teilnahme der Mitarbeiter an Teambesprechungen, Supervisionen usw., der Teilnahme an Betriebs- und sonstigen Festen und der Rücklaufquote der Mitarbeiterbefragung ablesen. Die Qualität interner Vernetzung zeigt sich in der Anzahl gruppenübergreifender Angebote, formeller Zusammenkünfte und informeller Treffen, der diesbezüglichen Teilnahme der Mitarbeiter und vor allem der Anzahl anwesender Disziplinen.[127]

---

[124] Lambach 1991: 122-123.
[125] Reckert 1998: 28.
[126] Vgl: Bröckermann 1997: 170-171. Eversheim 1997: 46, 69, 74. Gerull 2000: 212. Mangler 2000: 228-231.
[127] Vgl: EFQM 2000: 25. Gerull/Post 1999: 21. Jordan 2000: 283-284. Macsenaere 2002: 105, 109.

4.2.5. Gruppenübergreifende jugendgerechte Partizipation und Angebote

Partizipation in Bezug auf die Jugendlichen bedeutet, sie "als eigenständige Akteure ihrer Lebensgestaltung, als [...] Experten in eigener Sache und als eigenständige Träger von Rechten"[128] zu sehen, die aktiv auf Entscheidungen Einfluß nehmen. Auf dem Fundament einer positiven Grundhaltung gegenüber den Jugendlichen, deren Wertschätzung und des Vertrauens in deren Fähigkeiten können ihnen Formen verschiedener Gremien, wie z.B. eines Heimrats, Parlaments, einer Versammlung usw., einer anwaltschaftlichen Vertretung in Form eines Vertrauenserziehers z.B. in pädagogischen Konferenzen, Beschwerderechte und Vorschlagsmöglichkeiten, Gremien für Konfliktschlichtung oder Chatforen in einem Intranet angeboten werden. Hinzu kommen Befragungen oder Beobachtungen, Informationsmöglichkeiten mittels eines Infokastens oder einer Heimzeitung, sowie die Beteiligung an der Planung *und* Umsetzung von Projekten in einer Zukunftswerkstatt. Bei allen Formen ist zu beachten, daß diese dem Alter und Entwicklungsstand entsprechen und von Leitung wie Mitarbeitern Unterstützung und Anerkennung finden müssen.[129]

Ein qualitatives Wesensmerkmal partizipativer Gremien oder Projekte stellt dabei deren Verfaßtheit dar, die erst Aussagen über den Grad der Partizipation via Transparenz der Rechte zuläßt. Dabei muß z.B. in einer Satzung institutionell-normativ verankert werden, inwiefern ein Gremium direkte, dauerhafte Beteiligung gewährleistet, ob es sich um ein offenes oder ein repräsentativ-geschlossenes handelt, und welche Verhaltens- und Verfahrensregeln z.B. hinsichtlich der Teilnehmerwahl oder der Antragstellung, Beschlußfassung und -revision anzuwenden sind. Zudem ist festzulegen, welcher Partizipationsgrad in Form der Verteilung und Reichweite von Kontrollrechten zugestanden wird. – Das Erleben sozialen Umgangs in Form von Gerechtigkeit, Solidarität, Pluralität, Toleranz und Vertrauen ermöglich den Jugendlichen eine Erprobung demokratischer Verhaltensweisen und ein positives soziales Lernen. Dies stellt die Grundlage einer Persönlichkeitsbildung dar, welche sich in Eigenverantwortlichkeit und Selbstkontrolle sowie in einer angemessenen Interessendurchsetzung auf der Basis gestärkten Selbstbewußtseins und Sensibilität äußert. Das Gefühl, ernst genommen zu werden, erhöht nicht nur das Engagement, sondern auch das Selbst-

---

[128] BMFSFJ 2002: 191.
[129] Vgl: BMFSFJ 2002: 198. Blandow/u.a. 1999: 42-47, 96-109. Jordan/Stork 2000: 547-550, 555-561.

wertgefühl der Jugendlichen. - Quantitative Indikatoren erfolgreicher Partizipation sind bspw. die Anzahl und Art der Beschwerden und Vorschläge, (mit den Jugendlichen) umgesetzte Beschlüsse und z.b. bei baulichen Verbesserungen die Anzahl an bzw. Kosten von diesbezüglichen Beschädigungen, sowie die regelmäßige und prozentuale Teilnahme an Gremien bzw. die Anzahl unentschuldigt fehlender Jugendlicher.[130]

Gruppenübergreifende, jugendspezifische Angebote als Ergebnis der im Vorkapitel genannten internen Vernetzung umfassen vor allem Aktivitäten in der Freizeit. Diese sind unterteilbar in unregelmäßige Veranstaltungen, so z.b. Kino- und Stadionbesuche, gemeinsame Ausflüge oder Feste und Feiern, während regelmäßige Veranstaltungen Jugendtreffs, sportliche Angebote, kreative Angebote aus den Bereichen Werken, Musik und Kunst, oder geschlechts- und altersspezifische Arbeits- und Interessengemeinschaften umfassen können. Wichtig ist dabei nicht nur die Anwesenheit der Jugendlichen bei der Durchführung, sondern vor allem auch deren möglichst umfangreiche Partizipation an Planung und Umsetzung, welches auch der Aktivierung und Ressourcenförderung dient. Die jeweilige zahlenmäßige Beteiligung stellt ebenso einen Indikator dar, wie die Art und Anzahl an Aktivitäten.[131]

4.2.6.   Externe Kooperationen

Als externe Kooperationen werden hier auch für die Adressaten vorteilhafte Beziehungen der Einrichtung und dabei im besonderen der Leitung und Verwaltung zu Jugendämtern, anderen Behörden, Gremien und der Bevölkerung vor Ort verstanden. Diese verhelfen einer Einrichtung, effektiver und damit kunden- bzw. partnerschaftsorientierter zu arbeiten.

Die Zusammenarbeit mit den Jugendämtern nimmt dabei eine Vorrangstellung ein, da ihnen die "Gesamtverantwortung" (§ 79 KJHG) und Gewährleistungsverpflichtung obliegt und sie "als Kostenträger und de facto Auftraggeber die Entscheidung über die Belegung der jeweiligen Betreuungsmaßnahme"[132] treffen. Hier ist zunächst die Kooperation mit der sog. 'wirtschaftlichen Jugendhilfe' zu nennen, die auf dem Fun-

---

[130] Vgl: BMFSFJ 2002: 192. Blandow/u.a. 1999: 58, 71, 96, 102-105, 119. Jordan 2000: 284. Jordan/Stork 2000: 535-542. Knauer 2002: 160. Krappmann 2002: 68-69. Kriener/Petersen 1999: 32-34, 42.
[131] Vgl: Blandow/u.a. 1999: 71, 91-92.
[132] Krauß/Weiß 1998: 48.

dament eines einrichtungsintern ordnungsgemäßen Finanzwesens unter Beachtung der "Grundsätze von Wirtschaftlichkeit und Sparsamkeit"[133] angemessene Leistungsentgelte und effiziente Leistungserbringung erwartet. Dazu gehören auch eine ordnungsgemäße, rechtzeitige Leistungsabrechnung durch die Verwaltung sowie die einwandfreie Bearbeitung von Anträgen usw.. Indikator ist die Angemessenheit der Leistungsentgelte, die sich mittels Benchmarking oder auch anhand vorzeitiger Abbrüche durch das Jugendamt ohne direkt ersichtlichen Grund erkennen läßt.[134]

Im Hinblick auf die Umsetzung der Leistungs- und Qualitätsentwicklungsvereinbarungen sowie der einzelfallbezogenen Ziele ist die Zusammenarbeit mit den sozialpädagogischen Fachkräften der Jugendämter von besonderem Belang. Anhand von Befragungen, Beschwerde- und Vorschlagsmanagement, Anfragenanalyse oder direkter Beteiligung lassen sich einerseits notwendige Weiter- oder Neuentwicklungen erkennen und Aussagen über die Marktposition der Einrichtung treffen. Andererseits ermöglicht dies den Jugendämtern eine Bewertung der Kooperation bezüglich der Bereitschaft, auch 'schwierige Fälle' aufzunehmen und zu halten, bezüglich rechtzeitiger Informationen über Entwicklungen und Leistungen im Einzelfall, eines allgemein fairen, offenen Umgangs miteinander gerade auch im Falle von Konflikten, und der Kompetenz der Mitarbeiter. – Indikatoren der Qualität solcher Kooperationen sind die Art und Anzahl von Anfragen, (gemeinsame) Innovationen und deren Belegung, die jugendamtsspezifische Belegungszahl, durchschnittliche Belegungsdauer und vorzeitige Beendigung, Wiederbelegung und Dauer der Kooperation; ebenso die Anzahl und Art von Beschwerden und Vorschlägen sowie deren Bearbeitungszeit, Abbruchraten von Seiten der Einrichtung sowie Anerkennungen von Jugendamtsseite.[135]

Weitere mögliche Kooperationen umfassen jugendhilfepolitische Aktivitäten in Form der Beteiligung an der Jugendhilfeplanung als Teil der Anwaltsfunktion freier Träger sowie die Mitarbeit im Jugendhilfeausschuß als zentrales Organ kommunaler Jugend(hilfe)politik. Deren Aufgaben umfassen die Aushandlung, Definition und Preisgestaltung von Angeboten unter Beachtung zukünftiger Bedarfe. Zu nennen ist weiterhin die Zusammenarbeit mit dem Landesjugendamt, die Beteiligung an Fachausschüssen oder Arbeitsgemeinschaften nach § 78 KJHG, die sich mit Fachkon-

---

[133] LVR/LWL 2003: 6.
[134] Vgl: Abrahamczik 1998: 112, 119. Krauß/Weiß 1998: 50. LVR/LWL 2003: 23.
[135] Vgl: Drabner/Pawelleck 1997: 31, 49-50. EFQM 2000: 23. Krauß/Weiß 1998: 50. LVR 2001: 21. Stuzyna 2002: 41-44.

zepten, Maßnahmen und Standards der Träger der Jugendhilfe befassen, sowie in Fach- und Berufsverbänden. Dies verhilft den Einrichtungen zu aktuellem Wissen, das im Hinblick auf die Erfüllung zukünftiger Kundenanforderungen genutzt werden kann, sowie zur Gewinnung weiterer Verfahrenskenntnisse und Indikatoren kontinuierlicher Qualitätsentwicklung. Die Anzahl unterstützter Gremien ist dabei quantitativer Indikator.[136]

Zuletzt sei hier die Zusammenarbeit mit den Menschen vor Ort bzw. der Öffentlichkeit genannt. Die Unterstützung und der Besuch bspw. kultureller oder sportlicher Veranstaltungen, deren eigene Durchführung, weitere öffentliche Angebote, wie z.B. ein Jugendtreff, oder die konspirative Zusammenarbeit in Fällen jugendlicher Delikte vor Ort tragen wesentlich zu einer positiveren Wahrnehmung der Einrichtung in der Öffentlichkeit bei. Ein besseres Image wiederum bewirkt eine Entstigmatisierung der Jugendlichen und erleichtert zudem die Aquise von Sponsoren und Spendern, deren Gelder weitere Aktivitäten und Projekte ermöglichen. Als Indikatoren erfolgreicher Öffentlichkeitsarbeit lassen sich somit die Anzahl der Veranstaltungen, Anerkennungen aus Politik und Wirtschaft, positive Berichte in den Medien, Umfrageergebnisse, die Anzahl 'öffentlicher' Delikte durch die Jugendlichen sowie die Anzahl von Spendern und Sponsoren nennen.[137]

4.3. Prozessuale Qualität sozialpädagogischer und psychologischer Leistungen

Beginnend mit der Beschreibung prozessualer Qualität der individuellen Hilfe- und Erziehungsplanung sowie der sozial-emotionalen Förderung der Jugendlichen werden sozialpädagogische und psychologische Leistungen im Gruppenalltag und bezüglich der Personensorgeberechtigten dargelegt. Dabei sollen auch notwendige strukturelle Aspekte, überwiegend jedoch prozessuale Qualitätskriterien und Indikatoren primärer und damit kundenorientierter Prozesse benannt werden. Deren Performanz als Feinanalyse pädagogischer Prozesse besitzt dabei ebenso großes Gewicht wie Aspekte der Ergebnisqualität jeweiliger Interaktionen. Nicht mehr separat aufgeführt werden sollen hier Analyseverfahren der Befragung sowie des Beschwerde- und Vorschlags-

---

[136] Vgl: BMFSFJ 2002: 260. JSB GmbH 2000: 110, 115. LVR/LWL 2003: 23, 32-33. Merchel 2000: 21.
[137] Vgl: Abrahamczik 1998: 113. EFQM 2002: 27.

managements, die sich auf alle Kriterien und alle Kunden anwenden lassen. - Erwähnt werden muß jedoch die Ambivalenz zwischen organisatorischen Regelungen einerseits und notwendiger Flexibilität im Einzelfall andererseits, die in der Praxis stets als Hinterfragung exakt einzuhaltender Verfahren zu berücksichtigen ist. Andererseits regen erst Detaillierungen einen inhaltlichen Diskurs bezüglich alltäglicher Leistungen an und ermöglichen damit, abstrakte Ziele und Kriterien zu konkretisieren, um so in Form zielorientierten, kooperativen und fachlich reflektierten Erziehungshandelns qualitative und erfolgreiche Arbeit leisten zu können.[138]

4.3.1. Individuelle Hilfe- und Erziehungsplanung

Ausgehend vom Aufnahmeverfahren und der Bedarfsermittlung im Einzelfall sollen weitere Stationen im Verlauf einer Jugendhilfemaßnahme in Form des Hilfeplanverfahrens, der Erziehungsplanung sowie der Beendigung und Nachbetreuung hinsichtlich prozessualer Qualität erörtert werden. Diese heute vorzufindende Ausrichtung am individuellen Bedarf steht in Zusammenhang mit entsprechenden Forderungen in § 27 KJHG und ist das Ergebnis einer langfristigen als 'Individualisierung' der Heimerziehungspraxis beschriebenen Entwicklung. Eine "Maximierung individuell angepasster Arrangements" stellt somit ein "Qualitätsmerkmal einer guten Heimerziehung"[139] dar und macht ein geplantes, reflektiertes und überprüfbares, professionelles und damit methodisches Handeln notwendig.[140]

4.3.1.1. Aufnahmeverfahren und Bedarfsermittlung

Dem eigentlichen Aufnahmeverfahren geht eine systematische Abklärung diesbezüglicher Anfragen von Jugendamtsseite an die Leitung voraus. Hierbei erfolgt eine umgehende, fachliche Stellungnahme auf der Basis angeforderter Unterlagen, ob eine Aufnahme hinsichtlich der Aufnahmeindikation und der aktuellen Belegungssituation eines dafür geeigneten Angebots überhaupt möglich ist. Ist dies der Fall, so ist eine Vorstellung des Jugendlichen und seiner Eltern in einem Gespräch in der Einrichtung oder im Elternhaus vorzusehen. Vor allem ein unverbindliches Probewohnen des Ju-

---

[138] Vgl: Blandow/u.a. 1999: 72. Heiner 2002: 21. Kröger 2003: 27.
[139] Hansbauer/Kriener 2000b: 267.
[140] Vgl: Gehres 1997: 16. Maykus 2000: 155.

gendlichen birgt dabei den Vorteil in sich, daß er und seine Eltern durch den Kontakt zu anderen Jugendlichen und den Erziehern die Einrichtung und/oder die Gruppe kennenlernen und dadurch bestehende Ängste abbauen können, und so zu einer reiferen Entscheidung befähigt werden. Dies ermöglicht zudem den Erziehern und den Gruppenmitgliedern eine erste Einschätzung des Jugendlichen und seiner Eltern, und dient in dokumentierter Form einem fundierten Aufnahmeprozeß. Einer schriftlichen Vereinbarung der Aufnahmekonditionen mit dem Jugendamt schließen sich nach Zustimmung der Familie eine vorläufige Erziehungsplanung und die Vorbereitung der Wohngruppe an. – Eine Ausnahme stellen hier Kriseninterventionen nach § 42 KJHG dar, die bei akuter Kindeswohlgefährdung ohne Elternbeteiligung sehr kurzfristig erfolgen können und teils nur als kurzzeitige Schutzhilfe gedacht sind. Sie sind mit dem Auftrag besonderer Beobachtung und Dokumentation verbunden.[141]

Eine gute Aufnahmevorbereitung in der Gruppe umfaßt die Bestimmung eines vorläufigen Bezugserziehers für den Neuankömmling, eine Doppelbesetzung für die ersten Tage, sowie eine altersgerechte, ansprechende Zimmergestaltung, z.B. bei Kindern mit Spielsachen oder einem Geschenk, um diesen das Gefühl des Willkommenseins zu geben. Ein weiterer wichtiger Aspekt ist die Information der Gruppenmitglieder und deren Einbeziehung in die Vorbereitung eines Aufnahmerituals, was ihnen das Gefühl gibt, noch wichtig zu sein, und sie motiviert. Dies hilft, Ängste vor einer kommenden Neuverteilung gruppeninterner Macht- und Ressourcenverhältnisse abzubauen und sensibilisiert für die Situation des Neuen. Solche Aufnahmerituale können eine gemeinsame Geschenkübergabe, ein besonderes Essen, eine Willkommensparty oder eine Wochenendunternehmung sein, die über das gegenseitige Kennenlernen Geborgenheit und Sicherheit vermitteln. Zudem sollte von der Gruppe ein Mitglied als Pate benannt werden, das dem Neuen als Begleiter und Berater zur Verfügung steht, diesem Haus und Umgebung zeigt, ihm bei der individuellen Zimmergestaltung hilft und im besten Fall zusammen mit dem Bezugserzieher bei der Bewältigung von Ängsten und Trauer zur Seite steht. Die Erzieher sollten sich um den Aufbau einer vertrauensvollen Beziehung bemühen und nicht sofort auf die Defizite fixiert sein, um durch Akzeptanz des Jugendlichen die Grundlage für einen positiven Einfluß zu legen.[142]

---

[141] Vgl: Caritas-Jugendhilfe GmbH 1997: 10, 16. Günder 2000: 116. Pawelleck 1998: 22-23.
[142] Vgl: Friebertshäuser 2001: 499. Günder 2000: 113-114, 117-120, 123-125. Walta/Pfeiffer 1999: 133.

Die Bedarfsermittlung als umfangreiches Fallverstehen basiert auf einer ausführlichen Anamnese und Eingangsdiagnostik möglichst mit psychologischer Unterstützung, die sich auf der Grundlage einer systemischen Sichtweise des Jugendlichen nicht nur mit den Problemlagen, Ressourcen und der Lebenssituation des Jugendlichen, sondern auch derer seiner Familie und deren Umfeld befaßt und diese zu ermitteln sucht. Inhaltlich geht es dabei, unter steter Beachtung der Erhebung ausschließlich notwendiger Daten (§ 62 KJHG), mittels Anwendung der unter 3.5.4. beschriebenen Methoden zunächst um die Analyse vorhandener Dokumente und Unterlagen in Form von Sozialdaten, Gutachten, Zeugnissen, juristischen Urteilen usw.. Sinnvoll ist auch die Befragung des Jugendlichen und seiner Eltern nicht nur im Hinblick auf ein biographisches Fallverstehen zu Aspekten wie z.B. Krankheiten, Wohnortswechseln und (ehemaligen) Problemen im Elternhaus, sondern auch zu eigenen Interessen, Motiven und Wünschen, zu ihrer Sicht der Problem-, Ressourcen-, Lebens- und Perspektivenlage, sowie zum aktuellen Beziehungsgefüge auch im Umfeld. Dieses läßt sich nach einigen Wochen mit Ergebnissen interner fachlicher Beobachtung und Beurteilung des Verhaltens, der Emotionen, des Lern- und Leistungsvermögens, und der Persönlichkeit des Jugendlichen abgleichen. Dabei können auch Test- und situative Verfahren, visuelle Techniken, wie z.B. Geno- oder Soziogramme, sowie Frage- und Diagnosebögen[143] zu Hilfe genommen werden. Auf der Basis der Dokumentation deren Ergebnisse ermöglichen Prognosen zu Entwicklungspotentialen und Erfolgsperspektiven unter Beachtung von Hilfeplanzielen eine gemeinsame Priorisierung von Zielen und Ansätzen im Rahmen der Erziehungsplanung. Dies gewährleistet mittels fallbezogener Interventionen, Therapien und Verfahren eine paßgenauere, erfolgversprechendere Hilfe in Form einer optimalen Förderung der Ressourcen und umfangreichen Symptomreduktion. Eine solche Eingangsdiagnostik gibt zudem nicht nur bei Existenz vieler ähnlich gelagerter Fälle wichtige Hinweise auf sinnvolle Angebotsinnovationen, sondern ermöglicht auch spätere Zielerreichungsanalysen im Einzelfall bzw. hinsichtlich bestimmter Interventionen, sowie individuelle Entwicklungsverlaufsanalysen, und stellt somit ein wesentliches Instrument der Qualitätsentwicklung dar. Ihre Ergebnisse sollten außerdem Grundlage der nächsten Hilfeplanfortschreibung sein.[144]

---

[143] Vgl. z.B.: Hohm 2002: 145-153, 164-166. Klessinger/u.a. 2000b: 44-52, 72-74. Schneider/Hölzl 2002: 91-92.

[144] Vgl: Gehres 1997: 25. Geiser 2000: 34. Klessinger 2000: 89. Riet/Wouters 2002: 151-159. Schmidt 2002a: 23. Schnadt/u.a. 2001: 14-15. Steinke 1991: 407-408. Thimm 2002: 410-411.

4.3.1.2.   Hilfeplanverfahren

Das Hilfeplanverfahren stellt einen wesentlichen Schlüsselprozeß nach § 36 KJHG dar, bei welchem "im jeweiligen Einzelfall ausgehend von einer Situationsanalyse Bedarfe bezüglich einer gelingenden Sozialisation – d.h. angestrebte >Sozialisationsfortschritte<" – benannt werden. "Die entsprechenden, auf den jungen Menschen, dessen Integration in das soziale Umfeld und die Gesellschaft allgemein sowie auf die Familie bezogenen Ziele sind so in Feinzielen [und Aufträgen] zu konkretisieren, dass deren Erreichung überprüft werden kann."[145] Die Festlegung der geeigneten Hilfe erfolgt dabei durch einen Aushandlungs- und Entscheidungsprozeß zwischen Fachkräften der Jugendhilfe, den Eltern und dem Jugendlichen, und wird im Hilfeplan vereinbart. Die dadurch mögliche Überprüfung der Wirkungen einer Hilfe macht als "outcome-orientiertes einzelfallbezogenes Controlling"[146] den Hilfeplan zu einem wesentlichen Instrument der Qualitätsentwicklung. Dabei darf jedoch nicht übersehen werden, daß "nach den Regeln des Sozialverwaltungsrechts [...] das Jugendamt [...] in alleiniger fachlicher Verantwortung für [...] den Jugendlichen selbständig und unabhängig entscheiden [muß], welche Hilfe es für angemessen hält"[147], worin sich das in Kapitel 3.5.1. beschriebene Machtungleichgewicht zeigt. So liegt nach §§ 20 - 23 SGB X auch die Durchführung des Verfahrens und die Formulierung des Hilfeplans in der Verantwortung des Jugendamtes, welches nach § 36 KJHG vor Inanspruchnahme einer Hilfe die Eltern und den Jugendlichen über Angebote, Kosten, Mitwirkungsrechte und -pflichten, mögliche Folgen sowie Wunsch- und Wahlrechte aufzuklären hat. Eine solche umfangreiche Beteiligung im 'ersten' Hilfeplanverfahren stellt über die Zustimmung der Eltern und des Jugendlichen eine wesentliche Voraussetzung einer gelingenden Hilfe dar, wobei die Einrichtung zumeist noch nicht beteiligt ist. Der Hilfeplan beinhaltet jedoch als 'Wegweiser' wichtige Aussagen hinsichtlich des Gesamtziels nach § 34 KJHG, der Grund- und Zusatzleistungen, der Dauer sowie Perspektiven und Ziele bezüglich des Jugendlichen und seiner Eltern. Außerdem sind darin Aspekte der Kooperation mit dem Jugendamt in Form von Informations- und Berichtspflichten der Einrichtung festge-

---

[145] BAGLJÄ 2000: 8.
[146] JSB GmbH 2000: 139.
[147] Post 2002: 145.

legt. Damit verbunden ist ein Vertrag zwischen Jugendamt und Einrichtung über diese zu erbringenden Leistungen.[148]

Die Hilfeplanfortschreibung findet unter Beteiligung der Einrichtung in der Regel halbjährlich statt und soll nach § 36 KJHG überprüfen, "ob die gewählte Hilfeart weiterhin geeignet und notwendig ist." Inhaltlich umfaßt sie als Prozeßbegleitung die Erörterung der gegenwärtigen Lage des Jugendlichen und der Eltern, die Überprüfung sowohl erbrachter interner und externer Leistungen, als auch der Zielerreichung, um so Aussagen über weitere Perspektiven und Ziele treffen zu können und infolgedessen Leistungen beizubehalten, zu modifizieren, aufzugeben oder neu zu vereinbaren. Dabei liegt es auch an den Mitarbeitern der Einrichtung, eine möglichst umfangreiche Partizipation des Jugendlichen und seiner Eltern zu gewährleisten, so z.B. durch einen freundlichen, respektvollen Umgang, durch eine Vermeidung von Koalitionen gegen die Eltern, um Loyalitätskonflikte des Jugendlichen zu vermeiden, und eine bewußte Involvierung des Jugendlichen und seiner Eltern, um diese zur Wahrnehmung ihrer Rechte und Pflichten zu befähigen. Dazu könnte auch eine 'anwaltliche' Vertretung nach § 13 SGB X als Übersetzer deren Gefühle, Wünsche und Bedürfnisse beitragen. Zudem befähigt ihre umfangreiche Information zu einer gemeinsamen, einvernehmlichen und qualifizierten Definition von Zielen und Maßnahmen, welche Unterstützung finden, und fördert deren Verantwortungsübernahme. Eine dadurch erzielte Berechenbarkeit der Lebensverhältnisse stärkt außerdem ihre Kontrollmeinung und damit deren Selbstbewußtsein und Selbstwertgefühl. Die Berücksichtigung der Bedürfnisse, die Einsicht und die Zustimmung des Jugendlichen und vor allem der Eltern bilden das Fundament einer erfolgreichen Hilfe. - Die anschließende Zusendung des Hilfeplanprotokolls durch das Jugendamt an alle Beteiligten und des Leistungsbescheids an die Einrichtung bilden die Basis einer guten Hilfeplanumsetzung.[149]

Die einrichtungsinterne Vorbereitung eines Hilfeplangesprächs umfaßt neben einem rechtzeitigen Vorabbericht an das Jugendamt auch die Information des Jugendlichen und eine eventuelle Vorbesprechung mit ihm, sowie die rechtzeitige Inkenntnissetzung der Schule oder des Ausbildungsbetriebs. Bei Durchführung in der Einrichtung sollte dies unter Wahrung des Termins und der Uhrzeit an einem angemessenen Ort

---

[148] Vgl: BAGLJÄ 2000: 8. Krauß/Weiß 1998: 50. LVR 2001: 2-3, 7, 17-22. LVR/LWL 2003: 18. Münder/u.a. 1998: 326, 333. Post 2002: 149, 155.

[149] Vgl: Blandow/u.a. 1999: 68, 129-133. Finkel/Hamberger 1998b: 102. Gehres 1997: 102. LVR 2001: 7, 20-22. Münder/u.a. 1998: 266, 324-325, 329. Wolf 1999: 371. Wolf 2002: 83-88, 96.

in angenehmer Atmosphäre stattfinden. Zudem könnte den Eltern und dem Jugendamt das Angebot eines Mittagessens in der Wohngruppe gemacht werden. Als Nachbereitung empfiehlt sich die Dokumentation der Ergebnisse als vorläufige Orientierung und eine Nachbesprechung mit dem Jugendlichen und den Kollegen im Erzieherteam, um noch offene Fragen zu klären.[150]

4.3.1.3. Erziehungsplanung

Eine gelingende Erziehungsplanung basiert auf einer integrierten und vernetzten Teamarbeit, welche sich unter Führung und Vorgaben der Leitung (vgl. Punkt 4.2.4.) vollzieht und die gemeinsam vereinbarten und in Leitbild, Konzeption und Leistungsbeschreibung fixierten Ziele und Werte berücksichtigt. Erziehungsplanung erfolgt im idealen Fall in regelmäßigen, angeleiteten, multidisziplinär besetzten Teamgesprächen oder Dienstbesprechungen, welche sich durch Vorhandensein einer Themenordnung auszeichnen und mittels Themenbindung ein Treffen notwendiger Entscheidungen garantieren. Zusammen mit deren Dokumentation bilden ein teamorientierter Arbeitsstil und eine gute Atmosphäre das Fundament effektiver, effizienter und damit qualitativer Leistungen.[151]

Eine gute Arbeitsatmosphäre ist gekennzeichnet durch zwischenmenschliche Prozesse gegenseitiger Wertschätzung und Akzeptanz, sowie einen offenen, vertrauensvollen Umgang und freie Meinungsäußerung, welche wesentlich zur Teamintegration, -identifikation und Loyalität der Teammitglieder beitragen. Zusätzliche wechselseitige Aufmunterung, das Benennen und Bearbeiten von Konflikten sowie gegenseitige Anerkennung dienen einer besseren Krisenbewältigung und Entlastung der Kollegen, fördern deren Motivation und Zufriedenheit, und beeinflussen die pädagogische Arbeit entscheidend. Mit der 'Professionalisierung' der Heimerziehung einhergehende gestiegene Anforderungen an die Fachkräfte verlangen zudem einen Arbeitsstil, der sich durch professionelle Autonomie, Fehlerfreundlichkeit und wechselseitiges Lernen, Unterstützung und Information auszeichnet, und damit Innovation, Engagement und bessere Ressourcenausnutzung fördert. Eine gemeinsame Formulierung von Zielen und Maßnahmen ermöglicht ein einheitliches abgestimmtes Vorgehen auf der Basis der Selbstverpflichtung, welches in Verbindung mit einem fachlich-fundierten

---

[150] Vgl: Abrahamczik 1998: 115.
[151] Vgl: Hekele 1999: 226. Lambach 1991: 150.

Selbstverständnis Kontinuität im Betreuungsprozeß und effektivere Arbeit gewährleistet. Zu guter Teamarbeit gehört auch ein gleicher Kenntnisstand zur Erfüllung bürokratischer Aufgaben, eine mitarbeiterschonende und möglichst einvernehmliche Dienstplanung sowie die Inanspruchnahme von Angeboten regelmäßiger Reflexion, Supervision, Evaluation, kollegialer Beratung oder von Maßnahmen der Teamentwicklung. Als quantitative Indikatoren der Teamintegration und -identifikation können bspw. 'freiwillige' Überstunden, regelmäßige Teilnahme an Gesprächen, Supervision usw. sowie Treffen der Erzieher oder Besuche der Gruppe außerhalb der Arbeitszeit gelten.[152]

Erziehungsplanung umfaßt großteils Aspekte einzelfallbezogener Hilfe, deren Dokumentation und einen integrierten, vernetzten Ansatz, welche im Folgenden beschrieben werden.

4.3.1.3.1. Erziehungsplanung im Einzelfall

Die einzelfallbezogene Erziehungsplanung ist ein kooperatives, partizipatives Verfahren zur Lenkung und Auswertung sozialpädagogischer und psychologisch-therapeutischer Interventionen, welche sich als kollegiale Fallbesprechung idealerweise in multidisziplinär besetzten, meist wöchentlichen Teamgesprächen unter Beteiligung des Jugendlichen vollzieht. Sie beinhaltet unter direktem Bezug auf das alltägliche Geschehen die Entwicklung abgestimmter, bedarfsorientierter, flexibler, individueller Arrangements auch hinsichtlich der Elternarbeit. Ein wesentliches Qualitätskriterium stellt dabei die Partizipation und Kooperation des Jugendlichen dar, welche, neben den in Kapiteln 4.2.5. und 4.3.1.2. genannten Aspekten, besonders dazu dient, daß der Jugendliche seine Perspektiven sehen und sich selbst besser verstehen kann. Die Berücksichtigung seiner Wünsche fördert ebenso wie dessen Einsicht, Zustimmung und Mitarbeit seine Eigeninitiative, sein Selbstvertrauen und damit die Motivation weiterzumachen. Als ideal ist in diesem Rahmen auch eine möglichst umfangreiche Zusammenarbeit mit den Eltern bezüglich der Familie und zum Wohl des Jugendlichen (§ 37 KJHG) zu bezeichnen. Dies entspricht einer systemischen Sichtweise, nach der die Symptomatik eines Jugendlichen immer auch als Reaktion auf Lebenszusammen-

---

[152] Vgl: Eversheim 1997: 46. Flosdorf/u.a. 1987: 28, 76, 90-92. Gehres 1997: 15. Günder 2000: 168-169. Klatetzki 1998: 69-70. Reckert 1998: 28-29. Schnadt/u.a. 2001: 49-51.

hänge zu sehen ist, ohne deren Veränderung der dauerhafte Erfolg einer Hilfe besonders bei Rückkehr ins Elternhaus in Frage zu stellen ist.[153]

Die Erziehungsplanung basiert auf der Interpretation fallbezogener Ergebnisse der Eingangs- oder Verlaufsdiagnostik, der Situationsanalyse, des biographischen Fallverstehens usw. sowie auf Vereinbarungen im Hilfeplan. Diese ganzheitliche Sicht des Jugendlichen bildet die Ausgangslage eines methodischen, professionellen Handelns unter stetiger Berücksichtigung des alltäglichen Geschehens. Im Teamgespräch fließen diese Erkenntnisse in die Reflexion und Formulierung möglichst paßgenauer, operationalisierter Ziele und Feinziele sowie Förderschwerpunkte ein, die sich auf die Problemkonstellation, Ressourcenförderung, Alltagsbewältigung, Persönlichkeitsentwicklung und das soziale Verhalten sowie auf das schulische und berufliche Leistungsvermögen beziehen. Der Zieldefinition folgen eine situationsangepaßte Planung und Entscheidung im Hinblick auf das weitere konkrete Vorgehen in Form der Koordination pädagogischer Maßnahmen und therapeutischer Interventionen, eventuell unter Hinzuziehung externer Dienste, sowie die gemeinsame Festlegung von Aufgaben und Verantwortlichkeiten. Dabei sollten auch dem Jugendlichen herausfordernde, aber zu bewältigende Aufgaben übertragen und eventuell schriftlich vereinbart, zumindest jedoch dokumentiert werden. Dem schließt sich die Durchführung der Maßnahmen an, deren Ablauf sowie hinzukommende fallbezogene Ereignisse des Betreuungsalltags regelmäßig bspw. im Gruppenbuch oder in Entwicklungsberichten dokumentiert werden. Dieses bildet die Grundlage einer kontinuierlichen, gemeinsamen Analyse und Bewertung der (zwischenzeitlichen) Zielerreichung, des Entwicklungsverlaufs, des Prozesses, des Wirkungsgrads einer Maßnahme und zusätzlicher, individuell relevanter Ereignisse. Besonders Erfolge sollten dem Jugendlichen gegenüber als Ansporn lobend erwähnt werden. Ausgehend von dieser Bewertung erfolgen dann Verbesserungen und Modifikationen, ein Beibehalten oder eine Neuentwicklung von Maßnahmen, Verfahren, Interventionen und auch Zielen, deren Durchführung wiederum geplant und in einem festzulegenden Zeitabstand überprüft wird. Aufgrund der stringenten Zielorientierung und des ständigen Verbesserungsprozesses unter Einhaltung fachlicher Standards kann die Erziehungsplanung als entscheidender Prozeß der Qualitätsentwicklung bezeichnet werden.[154]

---

[153] Vgl: Gerull 2000: 205. Petermann/Petermann 2000: 180. Thimm 2002: 411. Wolf 2002: 20, 164.
[154] Vgl: Caritas-Jugendhilfe GmbH 1997: 13. Drabner/Pawelleck 1997: 50. Finkel/Hamberger 1998a: 99, 101. Günder 2000: 177, 336-338. Hamberger 1998a: 39. Macsenaere 2002: 109.

Einige ausgewählte, zielgruppenspezifische Ansätze sollten bei der Erziehungsplanung z.b. folgende grundlegende Aspekte umfassen:

- Im Umgang mit *extremistischen* Jugendlichen und *Randgruppen* ist vor allem eine akzeptierende Arbeit gefragt. Diese stellt "diejenigen Probleme in den Mittelpunkt [...], die die Jugendlichen *haben*, nicht die Probleme, die sie *machen*", denn eine Ausgrenzung "verbaut jeden kommunikativen Zugang." Dabei darf die eigene Grundeinstellung als Ausgangspunkt eines Umdenkens der Jugendlichen gerade nicht verleugnet werden.[155]

- Dieser Ansatz empfiehlt sich auch bei *drogenabhängigen* Jugendlichen. Deren Annahme als Person bildet den Grundstein der Bekämpfung von Ursachen, die meist in der Familie zu finden sind. Besonderes Augenmerk gilt deshalb der sozialen Integration, aber auch der Sicherung der schulischen und beruflichen Ausbildung als markanter Problembereich.[156]

- Bei Jugendlichen mit *Migrationshintergrund* als sehr inhomogene Gruppe sind vor allem religiöse und kulturelle Gewohnheiten zu berücksichtigen. Verständnis und Toleranz bilden die Grundlage, auf der auch der Aggression von Jungen zu begegnen ist. Der Schwerpunkt liegt deshalb auf der schulisch-beruflichen und der Gruppenintegration.[157]

- Mädchen mit *Mißbrauchserfahrung* sollte das Angebot von Mädchenförderprogrammen oder reinen Mädchengruppen gemacht werden, in denen sie ohne Dominanz der Jungen neue Verhaltensweisen erlernen können, die weniger Leid erzeugen. Wichtig ist, sie trotz möglichen sexualisierten Verhaltens zu akzeptieren, dieses jedoch anzusprechen und als zuhörender Gesprächspartner auch Bereitschaft zur Bearbeitung der Problematik zu signalisieren. Zu fördernde Ressourcen liegen oft im sozialen Bereich, im Interesse an Schule und Ausbildung sowie in der Entwicklung von Zukunftsperspektiven.[158]

Maykus 2000: 155. Merchel 1998b: 258. Petermann/Petermann 2000: 180-181. Schneider 2002c: 435.
[155] Krafeld 1996: 14-15. Vgl: BMFSFJ 2002: 242.
[156] Vgl: Degenhardt/Maulwurf 1995: 212-215. Kühn 1998a: 335-338.
[157] Vgl: Finkel 1998b: 387, 398, 416, 421.
[158] Vgl: Finkel 1998a: 362, 366-368. Flosdorf 1990: 92-95. Günder 2000: 332.

4.3.1.3.2. Einzelfalldokumentation

Die Einzelfalldokumentation umfaßt die systematische, kontinuierliche und nachvollziehbare Aufzeichnung von Zielen, Maßnahmen, Prozessen, deren Ergebnissen und
aller relevanten Ereignisse, sowie den Umgang mit fallbezogenen Nachweisdoku-
menten und die sachgerechte Aktenführung. Die Einzelfallakte stellt somit eine aussagekräftige, transparente Dokumentation im Einzelfall dar, die "akkumuliertes Pra-
xiswissen zur Weiterentwicklung und Evaluation beruflicher Praxis enthält."[159]
Regelungen zur Leistungsdokumentation beinhalten dabei grundlegende Aussagen
über die Zuständigkeit und Regelmäßigkeit, sowie über den sachgerechten weiteren
Umgang in Form der Zugänglichkeit, bspw. auch für den betreffenden Jugendlichen,
der Aufbewahrung und der Vernichtung unter Gewährleistung des Datenschutzes.
Hinsichtlich der Aktenführung dient eine chronologische Reihenfolge innerhalb
bestimmter Sachgebiete der besseren Übersicht und es sollte die konkrete Nieder-
schrift geregelt sein. Selbige zeichnet sich durch eine klare, knappe, möglichst objektive und ehrliche, einheitliche und damit nachvollziehbare Formulierung aus, welche
ausschließlich relevante Aspekte berücksichtigt. Die Einheitlichkeit kann zudem
durch verfügbare Formulare und Checklisten unterstützt werden und Aufzeichnungen
sollten stets mit Datum und Namen des Verfassers versehen sein. Dabei darf jedoch
nicht übersehen werden, daß jegliche schriftliche Dokumentation immer auch eine
Reduktion prozessualer und individueller Komplexität darstellt, folglich selten als
rein objektiv zu bezeichnen ist und die Gefahr der Fortschreibung sachlich inadäqua-
ter Urteile in sich birgt. Andererseits trägt die Erfassung der Komplexität mittels
sachlicher Differenzierung und Präzisierung von Wissen wesentlich zur Weiterentwicklung einer Jugendhilfemaßnahme bei, da sie ein rasches Einzelfallverstehen als
Basis der Erziehungsplanung begünstigt. Diesbezügliche schriftliche Vereinbarungen
im Hinblick auf Interventionen, Koordination und Termine dienen außerdem der
Selbstkontrolle der Fachkräfte und damit einem reibungslosen Ablauf. Weiterhin
ermöglicht die Dokumentation alltäglichen Geschehens die Information der Arbeitskollegen, gewährleistet damit die Kontinuität im Betreuungsprozeß und erleichtert
die Erfüllung von vertraglichen Berichtpflichten gegenüber dem Jugendamt.
Schließlich erbringt die Auswertung den Nachweis bedarfsbezogen erbrachter Lei-

---

[159] Finkel/Hamberger 1998b: 84. Vgl: Gerull 2000: 205.

stung, des dazu notwendigen Aufwands und diesbezüglicher Erfolge, und dient so auch der Fremdkontrolle.[160]

Die Aktenführung sollte zwecks der Übersichtlichkeit und Orientierung einheitlich geregelt und möglichst in Einzelfallakten niedergelegt sein. Dabei empfiehlt sich eine sachliche Unterteilung bspw. nach folgenden Gebieten und Inhalten:

- Personalien und Ausweise: Stammblatt, Reisepaß und Aufenthaltsgenehmigungen.
- Alltagsdokumentation: Probleme, Krisen, Erfolge und Verlaufsnotizen.
- Erziehungsplanung: Erziehungspläne, Vereinbarungen und Entwicklungsberichte.
- Hilfeplanung und Korrespondenz mit dem Jugendamt: Hilfepläne und Sachstandsberichte.
- Eltern- und Familienarbeit: Heimfahrten, Interventionen und Biographisches.
- Bestandsaufnahme und Diagnostik: Psychologische Gutachten, Tests, Biographisches.
- Finanzen: Taschen- und Bekleidungsgeldauszahlung, Vollmachten und Steuern.
- Schule und Ausbildung: Förderpläne, Zeugnisse, Verträge und Bewerbungsunterlagen.
- Gesundheit: Ärztliche Gutachten, Krankheiten, Medikation, Impfpaß und Vollmachten.
- Juristisches: Urteile, Auflagen, gerichtliche Vorladungen und Berichte.
- Persönliches: Briefe, Fotos, Verträge, die der Jugendliche verwahrt sehen möchte.

Die Führung eines Gruppenbuchs eignet sich dann besonders für gruppenpädagogische, einzelfallübergreifende Aspekte, wie z.B. Unternehmungen in der Freizeit, Gruppenregeln, Dokumentationen von Gruppengesprächen, Konflikte innerhalb der Gesamtgruppe, sowie Aspekte, die den Jugendlichen unzugänglich sein sollen.[161]

Eine umfangreiche, besonders wöchentliche Dokumentation im Einzelfall stellt als Grundlage der Überprüfbarkeit von Zielen, Leistungen und Wirkungen ein Instrument "zur Sicherung und Qualifizierung professioneller Entscheidungs- und Handlungsprozesse"[162] dar, wozu auch integrierte Leistungen und Kooperationen im Einzelfall beitragen.

---

[160] Vgl: Blandow 2001: 132-141. Caritas-Jugendhilfe GmbH 1997: 21. Finkel/Hamberger 1998b: 82-84. Geiser 2000: 26-27. LVR 2001: 20. Lambach 1991: 156-159. Pawelleck 1998: 25.
[161] Vgl: Blandow 2001: 135. Geiser 2000: 25, 39-41. Jochum/Wingert 1991: 251.
[162] Finkel/Hamberger 1998b: 84. Vgl. Macsenaere 2002: 109.

4.3.1.3.3. Integrierte Leistungen und Kooperationen im Einzelfall

Integrierte Leistungen entsprechen der externen Vernetzung einer Einrichtung durch Integration verschiedenster Personen, Dienste und Institutionen, um mittels Nutzung deren Spezialkenntnisse Unterstützung im Betreuungsprozeß zu erhalten. Dabei ist deren Mitarbeit in internen Fachgremien und Arbeitskreisen als Bestandteile eines Netzwerkes offener Kommunikation gemeint, besonders jedoch deren Kooperation in Bezug auf den Einzelfall, welche wesentlich dazu beiträgt, eine paßgenaue, flexible, kompetente, abgestimmte und damit qualifizierte Hilfe und Förderung bieten zu können, die ein Erzieherteam allein nicht leisten kann. Deren Beteiligung an der Erziehungsplanung oder auch Hilfeplanung und deren umfassende Information bilden die Ausgangspunkte einer gemeinsamen Definition von Zielen und Perspektiven, der Suche nach Lösungsvorschlägen sowie der Einigung auf konkrete Handlungsstrategien. Letztgenannte werden unter Berücksichtigung von Förder- und Erziehungsplänen koordiniert und (vertraglich) vereinbart, welches die Grundlage deren Umsetzung bildet. Diese ist gekennzeichnet durch einen ständigen Informationsaustausch, gemeinsame Reflexionen und Bewertungen sowie eventuelle Modifikationen des Vorgehens. Je nach Kooperation sollte prozeßbegleitend eine bestimmte Fachkraft, am besten der Bezugserzieher (vgl. Punkt 4.3.2.1.), als Ansprechpartner zur Verfügung stehen.[163]

Integrierte Leistungen können einrichtungsintern als Zusatzleistungen angeboten werden, so bspw. in Form schulischer Nachhilfe oder indikativer Gruppen für Jugendliche mit gleichen Verhaltensauffälligkeiten, z.B. in Form von Selbstsicherheitstrainings für aggressive oder therapeutischen Gesprächsgruppen für suchtabhängige Jugendliche. Externe 'reine' Kooperationen umfassen solche mit der Schule und dem Ausbildungsbetrieb, mit Ärzten, der Polizei z.B. bei Delikten oder Trebe, sowie mit der Bewährungshilfe, Jugendgerichtshilfe oder Gerichten bei Straffälligkeit. Hinzu kommen externe Leistungen der Berufsberatung, ausbildungsbegleitender Hilfen, der Logopädie, der Schuldner- und der Suchtberatung, von Selbsthilfegruppen, Vereinen und Initiativen, und der Kinder- und Jugendpsychiatrie. Im Hinblick auf die Eltern können Angebote der Partnerschafts-, Schuldner- und Suchtberatung oder auch Hilfen nach §§ 28, 30 – 32 KJHG in Anspruch genommen werden.[164]

---

[163] Vgl: Drabner/Pawelleck 1997: 51-52. Freigang/Wolf 2001: 77. Reckert 1998: 26-28. Steinke 1991: 410-413.
[164] Vgl: BMFSFJ 2002: 230-231. Schumacher, Thomas 1999: 84.

Quantitative Indikatoren integrierter Leistungen sind die Anzahl und Art der Kooperationen und Dienste, die Anzahl, Art und Umfang der Angebote und die regelmäßige Teilnahme der Jugendlichen. Hinzu kommen je nach Zielsetzung z.B. der Rückgang von Delikten oder die abnehmende Intensität von Gewalttätigkeiten, keine Neueinsteiger bei Drogen sowie schulische und berufliche Fehlzeiten. - Alle integrierten Leistungen sollten zudem hinsichtlich ihres Erfolges und der Einhaltung von Qualitätskriterien bewertet werden und in einem internen 'Katalog' empfehlenswerter externer Dienstleister vermerkt werden.[165]

4.3.1.4. Interne Verlegung und Beendigung der Jugendhilfemaßnahme

Bei einrichtungsinternen Verlegungen und Beendigungen der Jugendhilfemaßnahme lassen sich zunächst reguläre, geplante von ungeplanten Gruppenwechseln und Entlassungen, den sog. Abbrüchen unterscheiden. Als Abbrüche bzw. Verlegungen gelten beendete Verläufe in einer Einrichtung bzw. Hilfeform, die *vorzeitig*, d.h. "vor einem im ursprünglichen Hilfeplan festgehaltenen Termin", oder aufgrund fehlenden Konsenses zwischen Einrichtung, Jugendamt, Eltern und Jugendlichem "*nicht abgestimmt* oder *ungeplant*", d.h. "in keiner vorhergehenden Hilfeplanfortschreibung festgehalten", erfolgten.[166] Dabei haben sich gemäß mehrerer Studien eine reguläre, geplante Beendigung und Verlegung als Standard fachlichen Handelns sowie diesbezügliche Strategien als ebenso zentral für die Ergebnisqualität einer Hilfemaßnahme erwiesen, wie eine einzelfallorientierte Erfassung der Heimsozialisation und eine möglichst dauerhafte Unterbringung.[167] Letzteres ist darauf zurückzuführen, daß sich Erziehende wie Jugendliche erst nach längerer Unterbringungszeit aufeinander einlassen und so intensivere, vertrauensvollere und dauerhaftere Beziehungen aufbauen können.[168] Weiterhin ist eine "bewusste und qualifizierte Gestaltung des Abschieds" und des Neuanfangs bei Entlassungen als wichtige Grundlage "für ein gelungenes Leben nach der Erziehungshilfe" zu bezeichnen.[169] Bei jeder Verlegung und Beendi-

---

[165] Vgl: Drabner/Pawelleck 1997: 52. Jordan 2000: 283.

[166] Schneider 2002c: 401.

[167] Vgl: Finkel/Hamberger 1998b: 103. Gehres 1997: 27, 161. Hamberger 1998b: 230-233. Hohm/u.a. 2002: 248. Klessinger/u.a. 2000a: 74. Klessinger/Westerbarkei 2000: 96-97. Schmidt 2002b: 531-532.

[168] Vgl: Gehres 1997: 161. Hamberger 1998b: 231-233.

[169] Goldberg/u.a. 1999: 260.

gung sollte eine rechtzeitige Planung mit dem Jugendlichen und seinen Eltern erfolgen, welches deren eigener Kontrollmeinung dient und Ängste vor einer ungewissen Zukunft mindert. Die Verantwortung und Koordinierung liegt dabei am besten in der Hand des Bezugserziehers.[170]

Auch wenn Abbrüche und einrichtungsinterne Verlegungen bei massiven Regel- und Grenzüberschreitungen, z.B. bei Gefährdung anderer Jugendlicher oder der Mitarbeiter, unausweichlich sind, so stellen sie doch immer problematische Prozesse der Ausgrenzung dar. Aufgrund weitgehender Zerstörung sozialer Beziehungen beeinträchtigen Verlegungen und besonders Abbrüche die Entwicklung des Jugendlichen, indem sie zu einer Zerstückelung der Biographie und zu Persönlichkeitsstörungen in Form von Beziehungsunfähigkeit und Aggressivität führen und eine Familie in Schwierigkeiten zurücklassen. Zudem verschlingen sie einen nicht unwesentlichen Teil investierter Mittel und führen zu Ansehensverlusten der Einrichtung. Deshalb sollten schon bei Drohen eines Abbruchs im Teamgespräch sowohl konzeptionelle und strukturelle Gründe erörtert werden, als auch dem Jugendlichen die Situation, dessen Defizite sowie Voraussetzungen der Hilfefortsetzung nachvollziehbar erklärt und so bewußt gemacht werden. Zudem müssen das Jugendamt und die Eltern informiert und eingeladen werden, um zusammen mit diesen mögliche Zukunftsszenarien zu entwickeln, und Eltern und Jugendlichen Bedingungen des späteren Zusammenlebens aushandeln zu lassen. Dies allein führt oft schon zur Bereitschaft des Jugendlichen, die Hilfe fortzusetzen, oder trägt zumindest zur Perspektivenklärung bei. Ist ein Abbruch beschlossene Sache, so ist dem Jugendamt das Angebot zu machen, es bei der möglichen Suche nach einer geeigneten Einrichtung zu unterstützen, welcher dann das gesamte Wissen über diesen Fall zu überlassen ist. Außerdem darf keine kurzfristige Entlassung des Jugendlichen 'auf die Straße' erfolgen, sondern ihm muß zumindest vorübergehend noch Unterkunft und Verpflegung gewährt werden. Das weitere Vorgehen entspricht dem bei regulären Beendigungen. – Indikatoren sind hierzu die Aufenthaltsorte nach der Entlassung, die Anzahl der Abbrüche bzw. ungeplanten Verlegungen prozentual zu allen Beendigungen bzw. Verlegungen, und die Art und Verortung der Gründe. Deren Analyse bildet die Basis von Prozeßverbesserungen und einer zukünftigen Früherkennung drohender Abbrüche.[171]

---

[170] Vgl: Goldberg/u.a. 1999: 262. Wolf 2002: 19-21.
[171] Vgl: Drabner/Pawelleck 1997: 53-54. Finkel/Hamberger 1998b: 103. Herzog 2002: 318. Jordan 2000: 284-285. Schmidt 2002b: 532. Schwabe 1998: 243-244. Wolf 1995: 37.

Bei regulären Beendigungen/Entlassungen *und* Verlegungen richtet sich das weitere Vorgehen in der Betreuung oder auf den Abschied hin nach den Ergebnissen der Hilfeplanfortschreibung, bei welcher auch eine Beurteilung der bisherigen Hilfe und der Elternarbeit durch Jugendamt und Eltern erfragbar ist. Damit verbunden ist die Information der Verwaltung über die zukünftige Betreuung in einer anderen Gruppe/ Hilfeform bzw. bei Entlassung im Hinblick auf die Vorbereitung der Entlaßunterlagen. Dem Jugendlichen gegenüber sind als Aspekte der zukünftigen Beziehungsgestaltung realistische Zusagen wechselseitiger Besuchsmöglichkeiten zu machen und die weitere Hilfestellung bei Problemen zur Erleichterung des Übergangs anzubieten. Selbigem dient auch eine Ritualisierung des Abschieds in Form eines Festes, besonderen Essens oder eines Ausfluges, sowie der Überreichung eines Geschenks durch die Gruppe, möglichst mit Erinnerungswert zur Sicherung einer gewissen Kontinuität im Übergang, z.B. in Form einer Fotokollage oder eines Fotoalbums. Die Einladung der Eltern und die Anwesenheit aller Erzieher sollten selbstverständlich sein, um so die Wertschätzung des Jugendlichen zu vermitteln und einen Abschluß mit positiver Erinnerung zu gewährleisten. Für den Tag des Auszugs muß der Umzug geregelt, der Besitz verpackt und müssen die Unterlagen, wie Zeugnisse, Ausweise, Sparbücher usw. komplett zusammengestellt sein. Besitz und Unterlagen werden dokumentiert und dies vom Jugendlichen unterschrieben, um bei späteren Beschwerden bezüglich Verlust oder Fehlen ein Beweismittel in der Hand zu haben. Bei interner Verlegung erfolgt zudem eine objektive und umfangreiche Information der Kollegen als Ausgangspunkt weiterer positiver Förderung. Bei Beendigung der Hilfe und Rückkehr des Jugendlichen ins Elternhaus ist an ein verstärktes Engagement hinsichtlich der Elternarbeit mit Zielsetzung positiver Beziehungsgestaltung zu denken und das Angebot der Nachbetreuung auch in der Familie zu unterbreiten. Bei Entlassung in die Selbständigkeit oder Wechsel ins Sozialpädagogisch Betreute Wohnen (SBW) muß die weitere finanzielle Versorgung des Jugendlichen sichergestellt sein und er muß bei der Wohnungssuche und -renovierung sowie beim Möbelkauf Unterstützung finden. Dabei ist auf die ordnungsgemäße Verwendung der Erstausstattungsbeihilfe zu achten und die Eltern sollten mit einbezogen werden. Ein zusätzlicher Aspekt umfaßt die Durchführung einer Abschlußdiagnostik, welche in Abgleich mit der Eingangsdiagnostik summarische und detaillierte Aussagen über die Zielerreichung und den Entwicklungsverlauf im Einzelfall zuläßt. Damit werden Abschlußreflexionen mit dem Jugendlichen und bei Elterarbeit auch mit diesen verbunden und die Gesamtergebnisse in einem Gutachten dokumentiert. Dessen Inhalte fließen in den Entlaßbericht an das Jugendamt ein, der dann auch Hinweise zu weiteren notwendigen Interventionen enthält. – Indikatoren und Daten umfassen in diesem Zusammenhang neben Ergebnissen der Abschlußdiagnostik auch das Entlaßalter und -gründe, die Hilfedauer, den anschließenden Aufenthaltsort, dessen Entsprechung zum Gesamtziel der Hilfe, Fragen regulärer Beendigung bzw. Verlegung sowie der Entlassung nach Entwicklungsstand statt nach festen Entlaßgrenzen, sowie die Anzahl der Hilfebeendigungsstrategien.[172]

4.3.1.5. Einzelbetreuungsangebote und Nachbetreuung

Einzelbetreuungen werden zumeist in Wohnungen außerhalb einer Einrichtung angeboten und zeigen sich in vielfältigen Formen, so z.B. in der Mobilen Betreuung, dem Sozialpädagogisch Betreuten Wohnen, in ausgelagerten Heimplätzen oder der Nachbetreuung. Dabei steht "die individuelle Lebensgestaltung im eigenen Bezugsfeld"[173] unter Gewährung erzieherischer und therapeutischer Leistungen mit fallbezogener Intensität im Vordergrund. Einzelbetreuungen beinhalten gemäß § 34 KJHG die Vorbereitung auf ein eigenständiges Leben und die Beratung und Unterstützung "in Fragen der Ausbildung und Beschäftigung sowie der allgemeinen Lebensführung." In Verbindung mit § 41 KJHG werden sie zudem als "Hilfe für die Persönlichkeitsentwicklung" junger Volljähriger gewährt, solange diese "aufgrund der individuellen Situation des jungen Menschen notwendig ist", in der Regel jedoch nur bis zur Vollendung des 21., längstens als Fortsetzungshilfe bis zur Vollendung des 27. Lebensjahres (§ 41 i.V.m. § 7 KJHG). Ebenfalls nach § 41 KJHG soll der junge Volljährige "auch nach Beendigung der Hilfe" unterstützt und beraten werden.[174]

Einzelbetreuungsangebote und Nachhilfe beinhalten neben den genannten Aspekten solche der Zurverfügungstellung von Wohnraum bzw. der Wohnungsanmietung, möglichst durch den Jugendlichen selbst. Hinzu kommt die Unterstützung bei behördlichen Belangen, der Freizeitgestaltung und beim Aufbau sozialer Beziehungen. Wichtig ist dabei ein anfänglich höherer Betreuungsumfang, um ein Aufkommen von Überforderung, Isolation, Angst und dysfunktionaler, teils überwunden geglaubter

---

[172] Vgl: Baur/u.a. 1998: 24. Goldberg/u.a. 1999: 262-265. Jordan 2000: 285. Klessinger/u.a. 2000b: 51. Kühn 1998b: 446. Macsenaere 2002: 109. Schilling 2001: 8. Schnadt/n a. 2001: 24-25. Standorf 1999: 272-273.
[173] LVR/LWL 2003: 27.
[174] Vgl: LVR/LWL 2002: 4-6. LVR/LWL 2003: 27. Münder/u.a. 1998: 301, 352-353.

Bewältigungsstrategien zu verhindern, bei dem der - möglichst selbst ausgewählte - Betreuer als Ansprechpartner und Motivator zur Verfügung steht. Einzelbetreuungen zielen dezidiert auf eine zunehmende Eigenverantwortlichkeit und -initiative des Jugendlichen und damit auf dessen Selbständigkeit und Autonomie. Indikatoren einer qualitativen Einzelbetreuung sind die Art und Anzahl der Angebote, der Betreuungsumfang in Stunden und die Inanspruchnahme prozentual zu allen 'gruppenentlassenen' Jugendlichen. Ein Angebot, das auch für entlassene Jugendliche gelten könnte, wären regelmäßige Treffen zum gegenseitigen Austausch, zur Kontaktaufnahme und damit auch zur Entlastung. Zudem ist bei allen Formen der Einzel- und der Nachbetreuung der Erfolg vorheriger Hilfen daran erkennbar, inwiefern die Jugendlichen mit sich und den Anforderungen des Alltags, auch im Elternhaus, zurechtkommen.[175]

Ein prozeßqualitatives Verfahren stellt auch die Nachbetreuung auf freiwilliger Basis dar. Sie umfaßt auch als Zeichen des Interesses an den Jugendlichen und an den Eltern wechselseitige Kontakte und Besuche nach der Hilfebeendigung. Von besonderem Belang sind Kontakte zu ehemaligen Heimbewohnern, deren Befragung wichtige Erkenntnisse über die Beurteilung der Heimunterbringung, den mittel- und langfristigen Erfolg und die aktuelle Beziehungsgestaltung zu ehemaligen Mitbewohnern und Erziehenden liefert. Außerdem könnten manche Lebensverläufe ein positives oder warnendes Beispiel für heutige Heimbewohner sein. Es muß jedoch bedacht werden, daß mit zunehmender Zeit zwar eine reflektiertere, aber positivere Bewertung erfolgt, die immer weniger auf die aktuelle Situation der Einrichtung anwendbar ist. – Indikatoren sind neben Befragungsergebnissen Angebote von Ehemaligentreffen und deren Inanspruchnahme sowie wechselseitige Besuche und Kontakte zwischen Elternhaus, Jugendlichen und Einrichtung als Kennzeichen ehemals erfolgreicher Beziehungsgestaltung zwischen Erziehenden, Jugendlichen und Eltern.[176]

---

[175] Vgl: Baur 1998: 582-584, 589. Bingel/Rattay 2002: 70-71. Hohm 2002: 151. Jordan 2000: 285. KGSt 1993: 81. Macsenaere 2002: 109. Münder/u.a. 1998: 353. Wolf 2002: 52, 131, 140.

[176] Vgl: Baur 1998: 538. Gehres 1997: 44-48. Hamberger 1998c: 434-436. Hamberger 1998d: 513. Klessinger/u.a. 2000a: 59-62. Merchel 1998b: 260.

4.3.2. Individuelle sozial-emotionale Förderung

Positive zwischenmenschliche Beziehungen auf dem Fundament einer vertrauens- und verständnisvollen Grundeinstellung der Fachkräfte gegenüber dem Jugendlichen und ein tragendes gruppeninternes Zusammengehörigkeitsgefühl beeinflussen als bewußte, individuelle sozial-emotionale Förderung wesentlich den Erfolg pädagogischer und psychologischer Leistungen im Einzelfall. Prozeßqualitative Kriterien der Stärkung sozialer Kompetenzen, des Abbaus von Störungen im Sozialverhalten und des Aufbaus auch emotional stabiler Beziehungen tragen deutlich zu einer positiven Persönlichkeitsentwicklung und damit zu verbesserten Chancen auf ein gelingendes späteres Berufs-, Alltags- und Privatleben bei.[177] Die Voraussetzung dazu bilden Prozesse und Instrumente, die im Folgenden als sozialpädagogische Beziehungsgestaltung zwischen Fachkräften und Jugendlichem, als Regeln und Sanktionen, als gruppenpädagogische Beziehungsgestaltung und als Förderung gruppenexterner Beziehungen des Jugendlichen beschrieben werden.

4.3.2.1. Beziehungsgestaltung im Einzelfall

Ein konstitutiver Beziehungsaufbau in Form möglichst exklusiver Beziehungen ist "ein wesentlicher Schlüssel, um Zugang zu den jungen Menschen zu bekommen und damit die Möglichkeit, Veränderungen von Verhalten zu initiieren und zu optimieren"[178], wobei besonders Kinder der Zuwendung, Sorge und Liebe der Erziehenden bedürfen. Ein tragfähiges und verläßliches Betreuungssetting als Standard fachlichen Handelns verkörpert die soziale Dimension der Prozeßqualität und ist als Kooperation mit dem Jugendlichen der "einflussstärkste Wirkfaktor"[179] für den Erfolg der Heimerziehung im Einzelfall. Dabei beeinflussen Persönlichkeitseigenschaften und Grundeinstellungen der Fachkräfte, d.h. deren soziale, emotionale und menschliche Kompetenz, das alltägliche Handeln fundamental.[180]

Persönlichkeitseigenschaften der Fachkräfte umfassen zunächst deren selbstreflexive Kompetenzen, d.h. sich der eigenen Identität, Biographie, sozialen Herkunft und

---

[177] Vgl: Flosdorf/u.a. 1987: 28. Gehres 1997: 196-197. Klessinger/u.a. 2000b: 57-58. Wolf 2002: 180.

[178] Klessinger/u.a. 2000a: 77.

[179] Schneider 2002b: 339.

[180] Vgl: Finkel/Hamberger 1998b: 101. Gehres 1997: 123. Hansbauer 2003: 113. Wolf 2002: 66.

Grundüberzeugungen hinsichtlich Normen, Werten und Menschenbild bewußt zu sein. Dazu gehören auch die Akzeptanz eigener Stärken und Schwächen bezüglich interaktionaler Kompetenzen, Sympathien, Antipathien und der Fähigkeit zur Gegenübertragungskontrolle, sowie die Kenntnis persönlicher Grenzen bspw. der Belastbarkeit. Dies bildet das Fundament eines authentischen Auftretens als integere, konturierte Persönlichkeit, welche sich durch Echtheit, Glaubwürdigkeit, Kongruenz und Freundlichkeit im Umgang mit anderen Menschen auszeichnet. In beruflicher Hinsicht sind zudem ein gutes Einfühlungsvermögen, eine hohe Ambiguitätstoleranz und ein richtiges Maß aus innerer Nähe und Distanz zur jeweiligen Situation zu nennen. Dies ist die Basis einer positiven Grundeinstellung gegenüber dem Jugendlichen, welche sich frei von Vorurteilen in dessen grundsätzlicher Wertschätzung, Achtung, Anerkennung und Akzeptanz als Person zeigt. Hinzu kommen Aufgeschlossenheit und verständnisvolle Anteilnahme als Grundlage eines respektvollen, offenen und hinsichtlich seines Veränderungswillens und -vermögens vertrauensvollen Umgangs mit ihm. Das Schaffen eines offenen, angstfreien Klimas, bei dem die Fachkraft selbst Vorbild ist und Orientierung bietet, fördert nicht nur die Identitätsentwicklung durch Internalisierung von Verhaltensweisen via Identifikation, sondern auch über ein positives soziales Lernen die gesellschaftliche Integration und Beziehungsfähigkeit des Jugendlichen.[181]

Ein Instrument guter Beziehungsgestaltung besteht darin, daß sich der Jugendliche einen Vertrauenserzieher bzw. Bezugspädagogen auswählen und ihn auch wechseln kann. Dieser ist für ihn 'primärer' Ansprechpartner und Begleiter mit gewisser Beziehungsexklusivität und besitzt umfangreiche Zuständigkeit für den Jugendlichen auch mit 'Außenvertretung'. - Im konkreten Alltagsgeschehen ist zunächst die Unterstützung bei der Bewältigung persönlicher Grenzsituationen zu nennen, wobei der Erziehende unter Wahrung der Vertraulichkeit den Jugendlichen aufmuntert und berät, Handlungskompetenzen und -möglichkeiten aufzeigt und ihn dadurch motiviert, sich zu entscheiden und zu handeln. Dabei, wie auch sonst bei guten Leistungen und Erfolgen des Jugendlichen, erfährt dieser auch in der Gruppe Anerkennung als positive Verstärkung, während Kritik vertraulich unter vier Augen oder im Teamgespräch geäußert wird. Letzteres betrifft z.B. Regelübertretungen oder Verletzungen gesellschaftlich anerkannter Normen und macht ein konsequentes und kontingentes Auftre-

---

[181] Vgl: Flosdorf/u.a. 1987: 17-21. Freigang/Wolf 2001: 139-140. Gehres 1997: 103, 124-127. Hamberger 1998d: 572-576. Hansen 1994: 112. Jochum/Wingert 1991: 355. Krafeld 1996: 14. Wolf 1995: 42-43.

ten der Erziehenden unerläßlich, bei dem souverän Grenzen aufgezeigt und gesetzt werden. Eine solche Handlungsweise vermittelt nicht nur Rechte und Pflichten, sondern sie gibt Halt, Sicherheit, Verläßlichkeit und Orientierung an sozialen bzw. gesellschaftlichen Normen als wichtige Voraussetzungen sozialer Integration. Damit sind auch die Kooperation und Verantwortungsübertragung angesprochen, welche je nach Entwicklungsstand, Situation und Alter auch das Eingehen von Wagnissen im Vertrauen auf den Jugendlichen beinhalten und über die Selbstbestimmung dessen Selbstkontrolle und Durchsetzungsvermögen stärken. Im direkten Alltagsgeschehen sollten Erziehende je nach Situation auch vor spontanen emotionalen Äußerungen von Ärger und Unmut nicht zurückschrecken, andererseits aber auch im Positiven Freude zeigen. Dabei zeichnen sich emotionale Zuwendungen durch fallbezogene Ausgewogenheit zwischen Distanz und Nähe aus, wobei letztere vor allem bei Kindern Wärme und Geborgenheit vermittelt und deren Beziehungsfähigkeit stärkt. Damit in Verbindung stehen auch die Stabilität der Beziehungen und die physische Nähe bzw. Erreichbarkeit wichtiger Bezugspersonen, welche in der Heimerziehung aufgrund hoher Fluktuationsraten und Schichtdienst ein Problem darstellen. Damit sind bereits Indikatoren angesprochen, die in Bezug auf den Betreuungsalltag die Fluktuation und den Krankenstand der Erziehenden, die Betreuungsdichte und Doppelbesetzungen sowie die Platzzahl umfassen. Hinzu kommen regelmäßige Gesprächsangebote und deren Inanspruchnahme sowie bezüglich der Erziehenden Anzahl und Wahrnehmung von Angeboten der Supervision, Reflexion, usw.. Hinweise auf die Beziehungsqualität liefern die Anzahl der Hilfeabbrüche durch die Jugendlichen, Anzahl und Intensität tätlicher Übergriffe auf die Erziehenden und die Anzahl und Art von Kontakten zwischen ehemaligen Heimbewohnern und der Einrichtung. Weiterhin sollten Erkenntnisse zu notwendigen sozialen, emotionalen und menschlichen Kompetenzen der Fachkräfte in einen 'Anforderungskatalog' hinsichtlich zukünftiger Personaleinstellungen einfließen, damit auch in Zukunft ein erfolgreicher, "klarer, zugewandter, aber auch [...] auf pädagogische Grenzziehung hin orientierter"[182] Erziehungsstil gewährleistet ist.[183]

---

[182] Hansen 1994: 227.
[183] Vgl: Gehres 1997: 127, 171, 202. Hansbauer/Kriener 2000b: 262-265. Hansen 1994: 235. Herzog 2002: 313-318. Jochum/Wingert 1991: 355-356. Jordan 2000: 271, 282-283. Krappmann 2001: 342-343. LVR/LWL 2003: 17. Schwabe 1998: 236-238.

4.3.2.2.   Regeln und Sanktionen

Pädagogische Grenzziehungen sind im Betreuungsalltag unerläßlich, da ein häufig schwach ausgeprägtes Zusammengehörigkeitsgefühl unter den Jugendlichen und infolgedessen eine geringe soziale Kontrolle zu konstatieren sind, welche einer Verpflichtung der Jugendlichen auf gemeinsame Normen abträglich ist. Deshalb empfiehlt sich ein möglichst umfangreiches, gemeinsames Aushandeln von Regeln und Sanktionen je nach Gegenstand mit einem einzelnen oder allen Jugendlichen einer Gruppe.[184]

Hierbei müssen, wie bei jedem partizipativen Verfahren, die Pädagogen zunächst den Grad und Gegenstand der Mit- bzw. Selbstbestimmung und damit auch unverhandelbare Regeln und Sanktionen festlegen. Deren Gestaltung, Auslegung und Zielsetzung sowie daraus sich ergebende Handlungsweisen sind zu erklären und beiderseitige Begründungspflichten bei Nichteinhaltung sollten selbstverständlich sein. Beide Vorgehensweisen sind als Qualitätskriterien einer guten Heimerziehung zu bezeichnen und stehen der Machtasymmetrie bewußt entgegen. Darauf zielt auch ein gemeinsames Aushandeln von Regeln und Sanktionen, welches den Jugendlichen das Hinterfragen, Vorschlagen von Änderungen und Ergänzungen sowie das Durchsetzen gestattet. Aufgrund deren Mitbestimmung und Einsicht erreicht man einerseits eine höhere Akzeptanz sowie gegenseitige Kontrolle und fördert deren Verhandlungsgeschick und Selbstentscheidungskompetenz, andererseits führt dies zu verständlichen, begründeten und für alle gültigen Regeln und Konsequenzen, die in schriftlicher Niederlegung stets einsehbar sein sollten. Damit muß jedoch ein flexibler Umgang im Einzelfall verbunden sein, soweit dies übergeordneten pädagogischen Zielen als Maximierung individueller, paßgenauer Arrangements dient.[185]

Sanktionen und Konsequenzen in Form der Versöhnung, Schadensbehebung und Wiedergutmachung, jedoch nicht physischer oder psychischer Gewalt, sind ein Instrument, Normen und Regeln Geltung zu verschaffen, Ordnung herzustellen und auf der Basis eines positiven, beständigen Beziehungsverhältnisses Realitätsanforderungen angemessen zu vermitteln. Bei einer Regelverletzung ist ein einheitliches, konsequentes und sofortiges Vorgehen der Fachkräfte gefragt, welches sich durch

---

[184] Vgl: Hansen 1994: 54, 227.
[185] Vgl: Hansbauer/Kriener 2000b: 260-266. Schwabe 1998: 239-240. Spiegel 2000a: 45-46, 58. Wolf 2002: 101.

eine situative, bisweilen auch drastische, emotionale Reaktion und durch eine Sanktion mit Bezug zur Tat auszeichnet. Zudem muß besonders bei Kindern geprüft werden, ob sie die verletzte Norm überhaupt kennen, verstehen und damit erfüllen konnten. Unter Abschätzung der individuellen Wirkung einer Sanktion ist diese im Einzelfall zu verhängen, nachdem der junge Mensch mit der Tat konfrontiert, die Regelverletzung erklärt und er um seine Sicht der Dinge gebeten wurde. Hier können auch kollektive Sanktionsgremien auf Gruppen- oder Einrichtungsebene hilfreich sein. Konsequentes Handeln gibt Halt, Geborgenheit und Orientierung gerade auch im Jugendalter, befähigt in identitätsbildender Hinsicht zu einem eigenständigen moralischen Urteil, und gewährleistet zudem den Schutz anderer Jugendlicher. Ein solches Vorgehen zielt über den Abbau von Störungen im Sozialverhalten und den Aufbau einer gewissen Normenfestigkeit auf eine Erhöhung sozialer Teilnahmechancen und damit auf die berufliche und gesellschaftliche Integration des Jugendlichen.[186]

Regeln, die direkt auf das Privatleben des Jugendlichen bezogen sind, umfassen das Brief- und Fernmeldegeheimnis, den Schutz persönlicher Daten, sowie Rechte am eigenen Körper in Form selbstbestimmten Aussehens und Kleidung. Bei der Zimmergestaltung und beim Möbelkauf kann der Jugendliche mitbestimmen und dieses mit seinen Privatsachen einrichten, wobei ein Geheimfach existieren sollte und die Tür mit einem Namensschild zu versehen ist. Besonderen Schutz der Intimsphäre und Geborgenheit gewährt ein Einzelzimmer, für dessen Sauberkeit der Jugendliche selbst verantwortlich ist, die Schlüsselgewalt besitzt und den Besuch regelt. Dabei haben andere Jugendliche und in der Regel auch Erzieher anzuklopfen und auf Einlaß zu warten, womit bereits Regeln des Zusammenlebens angesprochen sind.[187]

4.3.2.3. Gruppenpädagogische Beziehungsgestaltung

Die Wohngruppe stellt ein zentrales soziales Lern- und Lebensfeld dar, in dem sich die Beziehungen unter den Gruppenmitgliedern für den Jugendlichen als wichtige "Stütze und Halt in einer schwierigen Lebensphase" und damit als "neuralgischer

---

[186] Vgl: Günder 2000: 130-133. Herzog 2002: 314-315. Jochum/Wingert 1991: 312-323. Klessinger/u.a. 2000b: 57-58. Schwabe 1998: 236-240.
[187] Vgl: Blandow/u.a. 1999: 90-92. Günder 2000: 289-291. LVR/LWL 2003: 23. Wolf 2002: 133, 139.

Punkt für [...die] Persönlichkeitsentwicklung"[188] erweisen. Eine gruppenpädagogische Beziehungsgestaltung dient somit immer auch einer sozial-emotionalen Förderung und einer erfolgreichen gesellschaftlichen Integration. Eine häufig in der Heimerziehung anzutreffende "Instabilität des Lebensfeldes Heimgruppe"[189], welche sich zwangsläufig bei einer durchschnittlichen Aufenthaltsdauer junger Menschen von lediglich 29 Monaten (1997)[190] ergibt, erfordert ein besonderes Engagement der Pädagogen hinsichtlich eines positiven Umgangs untereinander. Hierzu gehört auch die genannte Beteiligung bei der Definition von Regeln und Sanktionen, welche mittels gegenseitiger Kontrolle und Selbstkontrolle Konflikten vorbeugen hilft.[191]

Im Falle eines Konfliktes unter Jugendlichen muß der Erziehende deutlich Grenzen setzen, im Notfall Kollegen um Hilfe bitten und sollte nicht andere Jugendliche zu einem Gegenhalten animieren. Haben sich die Gemüter beruhigt, so stellt der Pädagoge in Gesprächen möglichst mit allen Involvierten in sachlicher Art und Weise seinen Standpunkt dar und konfrontiert die Jugendlichen mit ihrem Tun. Im idealen Fall klären diese selbst den Konflikt und verhandeln das weitere Vorgehen hinsichtlich Wiedergutmachung und Versöhnung. Ist dies nicht möglich oder aufgrund der Schwere der Tat nicht allein sinnvoll, so ist an härtere Sanktionen zur Vermittlung der Verbindlichkeit gesellschaftlicher Normen und der Rechte anderer zu denken. Besonders bei wiederholten Eskalationen ist unter Einbeziehung der Eltern und des Jugendamtes eine kurzfristige Herausnahme aus der Gruppe zu deren Entlastung in Betracht zu ziehen oder die Teilnahme des Jugendlichen an einem Selbstsicherheitstraining zur Stärkung der Selbstkontrolle zu vereinbaren. Ein solches Vorgehen dient der Entwicklung des moralischen Bewußtseins, fördert den Aufbau von Handlungskompetenz und zielt auch auf ein späteres, gesellschaftlich akzeptiertes Legalverhalten. Denkbar ist in diesem Zusammenhang auch die Konfrontation des/der Involvierten durch die Gruppenmitglieder in einem Gruppengespräch als kollektives Sanktions- und Schiedsgremium gemäß dem "Prinzip >Jugend erzieht Jugend<"[192], dessen Beschlüsse eher auf Akzeptanz stoßen dürften. Indikatoren sind dabei die Anzahl und Art von Konflikten und Delikten, die Zahl der Involvierten und die Anzahl geschlich-

---

[188] Gehres 1997: 122.
[189] Freigang/Wolf 2001: 66.
[190] Schmidt 2002a: 29; zitiert Statistisches Bundesamt o.J.: o.S..
[191] Vgl: Hansen 1994: 54. Klessinger/u.a. 2000a: 5. Spiegel 2000a: 45-46.
[192] Weidner 2002: 41.

teter Konflikte ohne Erzieher. "Auf Kleinigkeiten reagieren, damit Großes erst gar nicht passiert"[193], sollte dabei allgemein der Leitsatz sein.[194]

Weitere Aspekte qualitativer Gruppenpädagogik umfassen zunächst regelmäßige und für alle verbindliche Gruppengespräche. Auf der Basis vorher festgelegter und von allen Pädagogen anerkannter Partizipationsrechte der Jugendlichen, sowie einer offenen und konstruktiven Kommunikations-, Streit- und Aushandlungskultur, welche es gleichzeitig zu entwickeln gilt, werden die Jugendlichen über Aktuelles informiert und gemeinsam festgelegte Themen besprochen und Beschlüsse gefaßt. Inhaltlich kann es je nach Zugeständnissen um größere Konflikte, Regeln und Sanktionen, den Umgang mit Ressourcen, alltägliche Aspekte oder sogar die Aufnahme und die Entlassung von Jugendlichen gehen. Dabei muß die Gesprächsleitung auf Gleichberechtigung achten, d.h. jeder darf ausreden und wird angehört, Ansichten müssen stets begründet und Beschlüsse möglichst einvernehmlich gefaßt werden. Mittels eines solchen Vorgehens erreicht man via Perspektivenübernahme gegenseitiges Verständnis, Toleranz und Verantwortungsgefühl, eine Entwicklung der Durchsetzungs- und Kritikfähigkeit sowie die Identifikation mit den Ergebnissen und auch mit der Gruppe. Dies führt zu einer besseren Gruppenatmosphäre und damit qualitativeren Gruppenpädagogik. Einem solchen Klima gegenseitiger Sympathie und Zusammengehörigkeit zwischen allen Jugendlichen und Erziehern dienen auch gemeinsame Feste und Rituale als gemeinschaftsstiftende Kriterien, besonders im Hinblick auf emotional stark besetzte Feste wie Weihnachten und persönliche Feiern, wie z.B. der Geburtstag oder der Schulabschluß, zu denen auch die Eltern eingeladen werden sollten. Dazu tragen auch gemeinsam geplante und erlebte Unternehmungen, die Unterstützung von selbst initiierten Aktivitäten mehrerer Jugendlicher, eine Patenschaft bei der Aufnahme, möglichst stabile Gruppenstrukturen und die Existenz eines Gruppensprechers als Vermittler zwischen Jugendlichen oder zwischen diesen und den Erziehern bei. Dies zielt auf ein Zusammengehörigkeitsgefühl, welches sich in gegenseitiger Unterstützung, Solidarität, Zuwendung und Anerkennung äußert, gleichzeitig dadurch konstituiert und so die Integration der Jugendlichen, deren Beziehungsfähigkeit und ein positives soziales Lernen ermöglicht. – Indikatoren einer qualitativen Gruppenpädagogik und Beziehungsgestaltung sind zunächst bekannte strukturelle der

---

[193] Weidner 2002: 45.
[194] Vgl: Flosdorf 1988: 166. Krafeld 1996: 29-30. Schumacher, Thomas 1999: 84-86. Schwabe 1998: 238-242. Weidner 2002: 40, 43-45.

Mitarbeiterfluktuation und des Krankenstandes, der Platzzahl, des Betreuungsschlüssels, der Doppelbesetzung und der Teilnahme an Supervisionen usw.. Weiterhin sind die Zahl der Verlegungen und Abbrüche zu nennen, die Anzahl und Intensität von Konflikten, die Existenz partizipativer Gremien und, wenn auch nur erfragbar, Kontakte unter ehemaligen Heimbewohnern. Hinzu kommen die Anzahl und Art gemeinsamer Feiern und Unternehmungen bzw. prozentuale Teilnehmerzahlen, wobei bei allen diesen Aktivitäten auch die Einbeziehung von Freunden und Bekannten der Jugendlichen einen wichtigen Aspekt darstellt.[195]

4.3.2.4. Gruppenexterne Beziehungen im Einzelfall

Aufgrund der genannten Instabilität von Heimgruppen sind gruppen- und einrichtungsexterne Beziehungen von großer Bedeutung für die Zeit während und nach der Unterbringung, besonders bei anschließendem Einzelwohnen des Jugendlichen in Einrichtungsnähe. Solche Außenkontakte stellen nach interaktionistischen Modellen der Entwicklung als Ressourcen eines Jugendlichen schützende Faktoren mit vermittelnder Funktion gegenüber dessen Risiken und Defiziten dar. Deshalb sollte die Unterstützung des Jugendlichen beim Aufbau und Erhalt von Beziehungen zu Freunden, Spielkameraden und Mitschülern sowie Bekannten, Lehrern und Eltern von Freunden als wichtige Ressourcen im Hinblick auf deren soziale Wertschätzung und Integration selbstverständlich sein. Zu freundschaftlichen Beziehungen gehören wechselseitige Besuche und Übernachtungen, die Ermunterung zur Mithilfe in der Familie des Freundes bzw. der Freundin und die Einladung von Freunden zu Unternehmungen und Feiern der Gruppe. Besuche in anderen Familien ermöglichen dem Jugendlichen das Kennenlernen alltäglichen familiären Lebens und die Orientierung an anderen Umgangsformen als derjenigen aus der Herkunftsfamilie oder der Wohngruppe. Freundschaften vermögen zudem eine gruppeninterne Isolation zu kompensieren und gewährleisten durch soziales Eingebundensein Kontinuität, Rückhalt, eine bessere Krisenbewältigung und positivere Zukunftsaussichten für die Zeit nach der Unterbringung. Bei einer Partnerschaft bedarf der Jugendliche der Beratung und Unterstützung durch die Erziehenden in Form von Aufklärung und Hinweisen zu verantwortlichem Handeln sowie zu wichtigen Aspekten der Treue, Verläßlichkeit

---

[195] Vgl: Blandow/u.a. 1999: 90-91, 102. Flosdorf 1988: 147-152, 163-166. Friebertshäuser 2001: 502. Gehres 1997: 200. Jordan 2000: 282-285. Sohst-Westphal 1999: 147-151. Walta/Pfeiffer 1999: 134. Wolf 1995: 53.

und Gleichberechtigung. Dabei muß jedoch vermittelt werden, daß sich die Erzieher bei Unterstützung oder Duldung sexueller Handlungen von Unter-16jährigen nach § 180 StGB strafbar machen und sie hier keinen Handlungsspielraum haben. Partnerschaften wie Freundschaften dienen der Entwicklung der Beziehungsfähigkeit, sozialen Offenheit und vermitteln zusätzliche emotionale Nähe und Geborgenheit. Dabei fördern die Pädagogen die Teilnahme am gesellschaftlichen Leben zusätzlich, indem sie Kontakte zu Vereinen, Initiativen, Jugendgruppen und -treffs knüpfen, zur Mithilfe in der Nachbarschaft aufrufen und im Falle öffentlicher Delikte und Belästigungen zusammen mit dem Jugendlichen die Betroffenen aufsuchen und die Situation klären. Auch die Teilnahme, Mitwirkung oder Durchführung von öffentlichen Veranstaltungen, wie z.B. Ferienaktionen, durch die Wohngruppe dienen einem positiveren Bild und damit der Entstigmatisierung der Jugendlichen in der Öffentlichkeit. Diesbezügliche Indikatoren sind somit die Art und Anzahl letztgenannter Veranstaltungen und Delikte der Jugendlichen, die Anzahl und Art der Außenkontakte sowie deren Stabilität und Intensität, die Beteiligung von Freunden an Gruppenaktivitäten sowie Mitgliedschaften in Vereinen und Jugendgruppen, welche eine qualitative gruppenexterne Beziehungsarbeit abbilden.[196]

4.3.3. Sozialpädagogische Leistungen im Gruppenalltag

Gemäß § 34 KJHG sind die Jugendlichen "durch eine Verbindung von Alltagserleben mit pädagogischen und therapeutischen Angeboten in ihrer Entwicklung [zu] fördern", infolgedessen die Prozeßqualität des Alltagsgeschehens einen wichtigen Platz einnimmt. Auf dem Fundament positiver, individueller Beziehungen stellen somit die Gestaltung und Bewältigung alltäglicher Situationen und Routinen in Form von Regelungen und Ritualen zentrale Qualitätskriterien der Heimerziehung dar. Sie leisten über ein situationsgerechtes Handeln mit möglichst umfangreicher Partizipation der Jugendlichen als "Lern- und Übungsfeld für die Gestaltung des eigenen Lebens und eigenverantwortlicher Lebensführung" einen wesentlichen Beitrag zur Ergebnisqualität pädagogischer Leistungen im Einzelfall.[197]

---

[196] Vgl: Freigang/Wolf 2001: 66. Gehres 1997: 46, 122-123, 139. Günder 2000: 271, 275, 301, 316-317. Hohm 2002: 152. Jordan 2000: 283. Klessinger/u.a. 2000a: 39. Schneider/Hölzl 2002: 87. Wolf 2002: 107, 128.
[197] LVR/LWL 2003: 21.

Die Prozeßqualität der pädagogischen Alltagsgestaltung läßt sich besonders durch Leitfäden bzw. Profil-Charts gewährleisten, welche je nach Gruppenklientel, -form und -zielsetzung, sowie nach Situation einen gruppeninternen Erziehungsstil und damit ein einheitliches Vorgehen als Orientierung und Halt für die Jugendlichen ermöglichen. Hierbei muß jedoch die Flexibilität im Einzelfall, besonders bei großer Differenzierung der Gruppenklientel, gewahrt bleiben. Zudem sollte im Heimalltag nicht nur das *Fördern* der Jugendlichen in Form der Unterstützung und Versorgung Beachtung finden, sondern auch deren *Fordern* als aktive Befähigung zu einem selbstbestimmten und selbstverantwortlichen Handeln, indem man ihnen keine wichtigen Lernchancen vorenthält. Eine umfangreiche Beteiligung stärkt dabei deren eigene Kontrollmeinung als Grundüberzeugung eigener Wirksamkeit und deren Selbstzwang. Die Überantwortung bewältigbarer, herausfordernder Aufgaben, ein Loben bei Erfolg und Ermunterung bei Scheitern vermitteln Vertrauen in deren Leistungsfähigkeit und unterstützen ihr Zurechtkommen im Alltag. Denn "je weniger sich die Orientierungsmittel und Strategien des aktuellen vom künftigen Lebensfeld unterscheiden, desto brauchbarer sind sie [...] später."[198] Dies fördert die Entwicklung deren Fähigkeiten und Fertigkeiten in schulischer, beruflicher, sozialer und lebenspraktischer Hinsicht und trägt zur diesbezüglichen Selbständigkeit bei.[199]

Einen grundlegenden strukturellen Faktor im Hinblick auf die Durchführbarkeit einer Aktivität im Gruppenalltag stellt zunächst der Betreuungsumfang dar. Dabei ist vor allem eine Doppelbesetzung zu anstrengenden Zeiten der Hausaufgabenbetreuung, des Zu-Bett-Gehens und am Wochenende wünschenswert, jedoch nicht immer leistbar. Spezifische Indikatoren umfassen hier z.B. die Stundenanzahl und die Zeitpunkte der Doppelbesetzung, den Betreuungsschlüssel, die Anzahl von Tagen mit Stellenvakanz oder den Krankenstand. – Weiterhin ist die Dokumentation von relevanten, einzelfallübergreifenden Ereignissen im Gruppenalltag, z.B. in einem Gruppenbuch, zu nennen. Darin werden auch Ergebnisse des Teamgesprächs hinsichtlich alltagspädagogischer Belange in Form von Ideen, Regeln, geplanten Aktivitäten, Beschlüssen, deren Umsetzung und der Bewertung der Zielerreichung vermerkt, um so eine opti-

---

[198] Wolf 2002: 111.
[199] Vgl: Hohm 2002: 150-153. Klessinger 2000: 92. Pawelleck 1998: 24. Petermann/Petermann 2000: 180. Wolf 1999: 102. Wolf 2002: 17, 53, 80-83, 104.

male Koordination und Kooperation zu gewährleisten und wichtige Hinweise auf mögliche Verbesserungen zu erhalten.[200]

Im Folgenden werden einige Alltagsleistungen und deren Performanz beschrieben, beginnend mit der Gestaltung des Wohnumfeldes und der hauswirtschaftlichen Versorgung.

4.3.3.1. Gestaltung des Wohnumfeldes und hauswirtschaftliche Versorgung

Als Grundvoraussetzung einer positiven Entwicklungsförderung müssen den Jugendlichen an diesen orientierte, attraktive Lernfelder geboten werden, die in Form struktureller und materieller "Gegebenheiten des Hauses, [...] der Räumlichkeiten und des Inventars [...] einen wichtigen Einfluß auf das Gelingen der Hilfe"[201] haben. Dabei steigern schon kleine, liebevolle Details sowie eine gute hauswirtschaftliche Pflege die Wohnlichkeit deutlich. Damit wird den Jugendlichen ihre Wertschätzung vermittelt und ihnen Heim *und* Heimat geboten, d.h. sie können sich wohl fühlen, zur Ruhe finden und 'Wurzeln schlagen'. Deren umfangreiche, frühzeitige Beteiligung bei der Gestaltung und Pflege des Wohnumfeldes fördert zudem ihre lebenspraktischen Fähigkeiten auf dem Weg zur Selbständigkeit.[202]

Je nach Gruppenklientel und Baustil des Hauses sind zunächst gemeinsame Entscheidungen möglich, inwiefern freie Räume zum Entspannen, Toben, Werken oder zur Freizeitgestaltung genutzt und dementsprechend gemeinsam renoviert und eingerichtet werden. Je nach Zweck geht es, wie bei allen anderen Räumen auch, um Aspekte der Wandfarbe, Möbel, technischer Geräte, Bücher, Spiele, Bilder, Pflanzen, Teppiche, Gardinen, usw., wobei besonders die Gestaltung durch Dinge mit persönlicher Note, wie z.B. Fotokollagen, selbstgemalte Bilder und Selbstgebasteltes die Wertschätzung der Jugendlichen zum Ausdruck bringt. So entstehen wohnliche Orte der Begegnung, des Rückzugs, der Selbstentfaltung, des Lernens und des Zeitvertreibs, die als gemeinsam gestaltete einen pfleglicheren Umgang sicherstellen und ein Gefühl von Beheimatung vermitteln. Von Bedeutung sind auch sanitäre Räumlichkeiten,

---

[200] Vgl: Geiser 2000: 26. Jochum/Wingert 1991: 234-235. Jordan 2000: 282-283. LVR/LWL 2003: 18. Lambach 1991: 145, 157.

[201] Finkel/Hamberger 1998a: 70.

[202] Vgl: Finkel/Hamberger 1998a: 70-71. Jochum/Wingert 1991: 354. LVR/LWL 2003: 22. Post 2002: 95.

82

die abschließbar und wohnlich gestaltet, eventuell sogar als integrierte Naßzelle in den Einzelzimmern, den Schutz der Intimsphäre und damit wichtige Körpererfahrungen und Entspannung gewährleisten. Bei einem größeren Grundstück besteht außerdem die Möglichkeit, die Jugendlichen durch die Mithilfe bei der Gartenarbeit, beim Obst- und Gemüseanbau und der Tierhaltung zu aktivieren und sie für den Respekt vor Lebensmitteln und Tieren zu sensibilisieren. – Als Indikatoren sind die Art und Anzahl der Räume, deren Nutzung durch die Jugendlichen, Beanstandungen bei einer Betriebsprüfung, Gartengröße und -nutzung, das zur Verfügung stehende Budget sowie die Anzahl, Art und Kosten von Beschädigungen und Diebstählen je Jugendlichen zu nennen.[203]

Die hauswirtschaftliche Versorgung durch Dienste und Wirtschaftskräfte, möglichst aber ergänzt um oder sogar ersetzt durch gruppeneigene Erledigung dient der Instandhaltung, Instandsetzung und Pflege von Haus und Garten. So wie die Jugendlichen entsprechend ihrem Alter für ihre Zimmer selbst verantwortlich sind (vgl. Kapitel 4.3.2.2.), sollten sie auch bei Reparaturen, besonders bei Eigenverschulden, und bei der Reinigung der Gemeinschaftsräume, z.B. nach einem 'Ämterplan', einbezogen werden. Hierzu notwendige Gerätschaften und Utensilien sind bereit zu halten und die Jugendlichen über den richtigen Umgang mit jeweiligen Reinigungsmitteln zu informieren. Ähnliches betrifft auch die Anleitung zur Pflege der Wäsche und Kleidung sowie deren Bügeln und Nähen. Spezifische Indikatoren stellen hier die Anzahl und Art der Beteiligung, die Anzahl der Jugendlichen, die ihr Zimmer und ihre Wäsche selbst in Ordnung bringen, und die Anzahl, Art und Kosten von Beschädigungen dar.[204]

4.3.3.2.   Gesundheitliche Versorgung und Ernährung

Sowohl eine ausgewogene Ernährung, als auch die gesundheitliche Versorgung unter größtmöglicher Beteiligung und Selbstverantwortung der Jugendlichen entsprechen Vorgaben nach § 34 KJHG im Hinblick auf die Unterstützung und Beratung bei der allgemeinen Lebensführung und die Vorbereitung auf ein selbständiges Leben. Die gesundheitliche Versorgung umfaßt dabei zunächst Aspekte der Hygiene, d.h. auf

[203] Vgl: Blandow/u.a. 1999: 90-91. Günder 2000: 136-141, 293-295. LVR/LWL 2003: 23.

[204] Vgl: Blandow/u.a. 1991: 91. Günder 2000: 61; zitiert Evangelisches Kinderheim, Jugendhilfe Herne & Wanne-Eickel gGmbH o.J.: o.S.. LVR/LWL 2003: 22-23.

eine angemessene Körperpflege in Form des Waschens, Zähneputzens und Duschens, sowie auf eine attraktive Erscheinung der Jugendlichen zu achten, Hinweise zu geben und bei Kindern Unterstützung anzubieten. Für den Fall von Verletzungen oder Notfällen muß ein zugänglicher und vollständiger Verbandskasten als Voraussetzung häuslicher Krankenpflege vorhanden sein sowie eine für alle einsichtige Liste von Notrufnummern aushängen. Zudem müssen interne Regelungen gegeben sein, in welchen Fällen, bspw. eines Suizidversuches, Medikamentenmißbrauchs oder Drogenkonsums, auch gegen den Willen des Jugendlichen ein Arzt zu konsultieren oder das Krankenhaus aufzusuchen ist. Dabei sollte in gravierenden Fällen eine umgehende Information der Eltern und des Jugendamtes erfolgen. Bei geringfügigeren Erkrankungen oder Verletzungen wird den Jugendlichen eine freie Arztwahl und bei Nachbehandlung auch der Krankengymnastik ermöglicht und bei Kindern muß eine Begleitung zu Terminen zwecks deren Angstreduktion und eigener Information erfolgen. Eine anschließende Medikation kann in den Händen der Erziehenden liegen und der vertrauliche Umgang mit Unterlagen muß gewährleistet sein. Allgemein umfaßt die Gesundheitserziehung noch die Aufklärung über Drogen, Alkohol, Rauchen, usw. bzw. deren Folgen, sowie die Förderung körperlicher und sportlicher Betätigung. – Als Indikatoren sind hier die Anzahl und Art von besonderen Krankheiten, Arztbesuchen und Krankenhausaufenthalten je Jugendlichen zu nennen, die Mitgliedschaften in Sportvereinen und eine belastbare Körperkonstitution der Jugendlichen als Ergebnis regelmäßiger Gesundheitskontrollen.[205]

Einer guten gesundheitlichen Versorgung dient auch eine ausgewogene Ernährung. Diese beginnt bereits beim Einkauf, indem auf eine abwechslungsreiche Auswahl geachtet wird und möglichst zusammen mit den Jugendlichen der Einkauf geplant und durchgeführt wird, um ein Gefühl für damit verbundene Kosten zu vermitteln. Auch die Nahrungszubereitung sollte möglichst oft zusammen mit den Jugendlichen stattfinden, wobei Hygienevorschriften zu beachten sind. Dabei kann auch Wissen zur Lagerung, Haltbarkeit, Verarbeitung und zu einer gesunden Ernährung weitergegeben werden. Durch die Beteiligung lernen die Jugendlichen das Essen zu schätzen, sehen den Aufwand und erhalten bei Gelingen lobende Anerkennung aus der Gruppe. Die Mahlzeiten selber verlangen eine umfangreichere Aufmerksamkeit der Erzieher und sollten sich durch einen angenehmen äußeren Rahmen auszeichnen, der bei der Verwendung schönen Geschirrs, Gläsern und Schüsseln, einer Tischdecke und Blu-

---

[205] Vgl: Günder 2000: 60; zitiert Evangelisches Kinderheim, Jugendhilfe Herne & Wanne-Eickel gGmbH o.J.: o.S.. Hohm 2002: 146. Schneider/Hölzl 2002: 91.

men beginnt. Zudem sollte das Essen gemeinsam zu festen Zeiten von mindestens einer halben Stunde eingenommen werden, wobei ein Tischdienst bestimmt werden kann. Das Mitessen der Erziehenden ermöglicht den Jugendlichen ein Modellernen bezüglich Tischmanieren und erleichtert den Pädagogen, auf eine ruhige, angenehme Atmosphäre als Voraussetzung einer gesunden Nahrungsaufnahme und Sättigung, sowie die Einhaltung von Tischsitten zu achten. Dies umfaßt auch die Hilfestellung und Anleitung, Grenzsetzungen im Hinblick auf den Respekt vor Lebensmitteln, Konfliktschlichtungen als wichtige Voraussetzung für eine gute Gemeinschaft, sowie die Einbeziehung schweigsamer und das 'Bremsen' redefreudiger Jugendlicher für eine gelingende Kommunikation. Weitere Zielsetzungen können die Gastfreundschaft durch Einladung Dritter und bei konfessionellem Hintergrund der Dank für die Schöpfung und das bewußte, feierliche Begehen kirchlicher Festtage sein. - Als Indikatoren können für die Qualität des Essens eine ausreichende Menge, leergegessene Teller und Lob gelten, für den Ablauf an sich wöchentliche Essens- und Einkaufspläne sowie die Einhaltung der Essenszeiten.[206]

4.3.3.3.   Freizeitgestaltung, finanzielle und behördliche Angelegenheiten

Wesentliche prozeßqualitative Aspekte der gruppeninternen Alltagsgestaltung umfassen die einzelfallbezogene Förderung lebenspraktischen Wissens im Umgang mit Finanzen und Behörden sowie die Entwicklung individueller Stärken bzw. Fähigkeiten und Fertigkeiten mittels vielfältiger Freizeitangebote. Deren Gestaltung dient besonders der körperlichen und kognitiven, aber auch der psychosozialen und emotionalen Entwicklung und damit der alltäglichen Selbständigkeit sowie der sozialen Integration.[207]

Freizeitaktivitäten und -unternehmungen umfassen solche musikalischen, gestaltenden, geselligen, sportlichen, naturwissenschaftlichen und handwerklichen Charakters. Dabei zeichnet sich eine sehr strukturierte alltägliche Freizeitgestaltung durch von den Erziehenden geplante und verbindliche Aktionen aus, die die Jugendlichen allenfalls in Form vorheriger Vorschläge beeinflussen können. Hierzu gehören auch längerfristig geplante Feste, Ausflüge oder Projekte, wobei eine umfangreiche

---

[206] Vgl: Blandow/u.a. 1999: 90. Jochum/Wingert 1991: 261, 265-271. Pawelleck 1998: 24.
[207] Vgl: Klessinger/u.a. 2000a: 4-5. LVR/LWL 2003: 21.

Partizipation der Jugendlichen bei der Planung, Umsetzung und Nachbesprechung sinnvoll ist. Dies betrifft auch Ferienfreizeiten, die teils mit den Eltern und dem Jugendamt abzuklären sind. Weiterhin sind die Unterstützung gruppenübergreifender Angebote durch die Erziehenden zu nennen sowie die Förderung von Außenkontakten (vgl. 4.3.2.4.). Letztgenannte stellen bereits einen Aspekt frei verfügbarer, selbstgestalteter, unstrukturierter Freizeit dar, welche sich in Treffen mit Freunden, Musik-Hören, Bummeln, Fußballspielen, Kinobesuchen, usw. äußert, unter Beachtung von Abmachungen auch Spontanes und 'Verrücktes' zuläßt und bei Wunsch von den Erziehern unterstützt werden sollte. Allgemein zeichnet sich eine gute pädagogische Freizeitgestaltung durch eine Balance zwischen strukturierten Elementen und Wahlangeboten bzw. selbstgestalteter Freizeit aus, wodurch eine größtmögliche Motivation erzielt wird. Dies dient der Aktivierung der Jugendlichen, der Ausweitung ihrer Erfahrungsräume, der Aufarbeitung ihrer Probleme in einem anderen Kontext und der Förderung ihrer Ressourcen als Grundlage der Entwicklung eines positiven Selbstkonzeptes. Durch gemeinschaftliche, herausfordernde Aktivitäten, z.B. erlebnispädagogischer Art, werden nicht nur das Gemeinschaftsgefühl, das Vertrauen untereinander und die Beziehungsfähigkeit, sondern auch die Selbstkontrolle gestärkt, indem die Jugendlichen bspw. lernen zu verlieren und innere Konflikte zu bewältigen. In Summe zielt die pädagogische Freizeitgestaltung folglich auch auf die soziale und gesellschaftliche Integration, und läßt sich durch Indikatoren der Art, Anzahl und des Umfangs von Angeboten, die prozentuale Teilnahme der Jugendlichen und die Anzahl deren Interessen beschreiben. Hinzu kommen die Anzahl und Intensität von Außenkontakten, von Vereinsmitgliedschaften usw., die Ausstattung mit notwendigen Materialien, Spielen und Räumen, sowie die Anzahl, Art und Kosten von Beschädigungen und Delikten.[208]

Die Unterstützung älterer Jugendlicher bzw. junger Volljähriger in behördlichen Belangen, bei der neben den Pädagogen auch die Verwaltung eine wichtige Rolle einnehmen kann, umfaßt zunächst den Umgang mit Ämtern und Behörden durch die Begleitung der Jugendlichen dorthin. Weiterhin bearbeiten die Erziehenden oder die Verwaltung zusammen mit den Jugendlichen Formulare, Anträge und amtliche Schreiben, machen Rechtsansprüche geltend und unterstützen die Jugendlichen in

---

[208] Vgl: Günder 2000: 60; zitiert Evangelisches Kinderheim, Jugendhilfe Herne & Wanne-Eickel gGmbH o.J.: o.S.. Hamberger 1998d: 574. Hansen 1994: 105-106. Hekele 1999: 229. Jochum/Wingert 1991: 331-332, 350. Jordan 2000: 283. Klessinger/u.a. 2000a: 4-5, 30, 39. Schneider/Hölzl 2002: 85, 91.

juristischen Belangen vor Gericht. In finanzieller Hinsicht beraten sie beim Abschluß von Versicherungen und Kaufverträgen sowie beim Übergang in Einzelbetreuungsangebote bei Mietverträgen und Kalkulation zukünftig anfallender Posten. Je nach Alter und Entwicklungsstand wird den Jugendlichen das Taschengeld Schritt um Schritt komplett ausgezahlt und kontrolliert, inwiefern sie mit der Geldeinteilung zurechtkommen und hier zum Selbstzwang fähig sind. Ein solches Vertrauen wird ihnen auch entgegengebracht, indem sie jederzeit Einsicht in ihr Sparbuch erhalten, ihnen ihre Lohnabrechnung erklärt wird und sie die Führung ihres Kontos bzw. Überweisungen, Ein- und Auszahlungen selbst erledigen müssen. Rechtzeitig vor Beginn einer Einzelbetreuung außerhalb der Gruppe sollten sie die Gelder, d.h. ihr Taschen- und Bekleidungsgeld sowie ihren Lohn nach Abzügen komplett erhalten, um so eine langfristige Planung einüben zu können, wobei auch nach dem Auszug die anfängliche Hilfe und nach Wunsch auch Begleitung beim Einkauf selbstverständlich sein sollte. Ein solches Vorgehen ermöglicht den Jugendlichen positivere Zukunftsaussichten und fördert deren lebenspraktische Fähigkeiten. Indikatoren sind hier der Schuldenstand bzw. das Vermögen eines Jugendlichen, dessen Schnorren und in der Einzelbetreuung sein Ernährungszustand.[209]

4.3.3.4. Schulische und berufliche Förderung

In der Heimerziehung werden überwiegend junge Menschen mit beeinträchtigten Bildungschancen, geringer Lernmotivation und begrenzter Leistungsfähigkeit betreut, welches deren schulische, besonders aber berufliche Integration ins duale Ausbildungssystem und auch später ins Berufsleben wesentlich erschwert. Da die Integration in Erwerbsarbeit als Grundlage materieller Existenzsicherung den "Schlüssel zu gesellschaftlicher Teilhabe und Positionierung"[210] darstellt und aufgrund ihrer zentralen sinnstiftenden Funktion als Basis sozialer Anerkennung und entscheidender Faktor zur Lebensbewältigung, Identitätsbildung und damit zu einer gelingenden Biographie zu bezeichnen ist, muß der schulischen und beruflichen Ausbildung als Fundament dessen besondere Beachtung geschenkt werden. Eine kontinuierliche Zusammenarbeit mit Schule und Ausbildungsbetrieb als wesentliche externe Kooperationen

---

[209] Vgl: Gehres 1997: 169. Günder 2000: 61, 65; zitiert Evangelisches Kinderheim, Jugendhilfe Herne & Wanne-Eickel gGmbH o.J.: o.S.. Wolf 2002: 18, 47-48, 133-136.

[210] BMFSFJ 2002: 165.

(vgl. 4.3.1.3.3.) führen zu einer abgestimmten Förderung und tragen dazu bei, daß der junge Mensch diesbezüglichen Anforderungen besser gerecht werden kann.[211]

Die alltägliche schulische Förderung sowohl bezüglich der Regel-, als auch der Berufschule nimmt ihren Anfang in einem rechtzeitigen Zu-Bett-Gehen und Aufstehen, welches Schritt für Schritt von den Jugendlichen selbst zu erledigen ist. Daran können sich bei Kindern die Begleitung zur Schule oder zum Bus und mittags das Abholen von selbigen anschließen. Eine optimale Hausaufgabenbetreuung erfolgt nach dem Mittagessen und einer Ruhepause an einem ungestörten Ort, wobei möglichst jedem Jugendlichen ein separater Raum zugewiesen wird und innerhalb eines festgelegten Zeitraums im Haus Ruhe zu herrschen hat. Allgemein wird die Kontrolle der Jugendlichen schrittweise abgebaut oder es werden Schwerpunkte bei der individuellen Hilfe gesetzt. Eine gute Anleitung bei den Hausaufgaben setzt die Existenz von Lernmitteln in Form von Lexika, Sachbüchern, usw. voraus und erfolgt möglichst durch den Betreuungspädagogen. Dessen methodische, didaktische und lernpsychologische Kompetenz zeigt sich in einer motivierenden, ermunternden und individuell zugewandten Anleitung und fördert so die Konzentration des Jugendlichen. Ist eine optimale Betreuung nicht durch die Pädagogen leistbar, so sollte auf Hilfe durch Klassenkameraden, Mitarbeiter anderer Gruppen, ehrenamtliche Helfer oder nach Zusage der Kostenübernahme durch das Jugendamt auf Honorarkräfte bzw. Nachhilfedienste zurückgegriffen werden. Indikatoren der Hausaufgabenbetreuung sind der Stundenumfang je Jugendlichen, die Anzahl vorhandener Lernmittel, die fachspezifische Nachhilfe und diesbezügliche Noten.[212]

Neben der Auswahl der geeigneten Schulform besitzen vor allem regelmäßige Kontakte zu den Lehrern in Form des Besuchs von Elternsprechtagen sowie gegenseitige direkte Rückmeldungen per Telefon besonderes Gewicht. Dabei sollten Name und Telefonnummer des Bezugserziehers und dessen Vertretung dem Lehrer bekannt sein. Inhaltlich kann es einerseits um Aspekte des Leistungsvermögens in physischer und kognitiver Hinsicht sowie des Leistungsstandes, andererseits um das Verhalten des Jugendlichen gehen. Letzteres betrifft zunächst die Beziehungen des Jugendlichen in der Schule zu Lehrern und Mitschülern, d.h. inwiefern er Anerkennung oder Ablehnung erfährt, Konflikte bestehen und wie diese als Basis besserer Integration

---

[211] Vgl: BMFSFJ 2002: 165-166, 178. Hamberger 1998d: 516-517. LVR/LWL 2003: 22.

[212] Vgl: Günder 2000: 63; zitiert Evangelisches Kinderheim, Jugendhilfe Herne & Wanne-Eickel gGmbH o.J.: o.S.. Jochum/Wingert 1991: 261, 279, 283, 289-291, 308. Wolf 2002: 17-18, 50, 104.

und Sozialisation zu bewältigen sind. Weiterhin umfaßt dies die gegenseitige Information bezüglich eventueller Abwesenheit des Jugendlichen wegen Krankheit oder Verspätung. Bei umfangreicheren oder dauerhaften Problemen ist auch an eine Einladung des Lehrers zur Erziehungsplanung oder sogar zum Hilfeplangespräch zu denken. Dabei besteht besonders in einem multidisziplinär besetzten Team die Chance, z.B. infolge berichteter Konzentrations-, Lern- und Leistungsstörungen im Abgleich mit eigenen Erfahrungen tieferliegende Ursachen zu erkennen, dementsprechende Unterstützungsangebote einzuleiten und so das Risiko des Schulversagens zu vermindern. Zudem lassen sich die weiteren schulischen und beruflichen Perspektiven des Jugendlichen klären, welches diesem Orientierung und Sicherheit gibt. – Indikatoren der schulischen Förderung sind die Schultypen, der Durchschnitt aller oder bestimmter Noten, die Anzahl der Freunde und Konflikte in der Schule sowie schulischer Sanktionen, Krankheitstage und unentschuldigtes Fehlen, die Teilnahme an Klassenfahrten, Ausflügen usw., sowie das Erreichen des Schul- bzw. Ausbildungszieles und dieses prozentual zu allen Jugendlichen.[213]

Die berufliche Förderung umfaßt zunächst die Inanspruchnahme der Berufsberatung, wobei die Ergebnisse von Eignungstests bei der Erziehungs- bzw. Förderplanung eine Potentialbeurteilung und Aussagen über anzustrebende Berufe im Einzelfall zulassen. Anschließend müssen mit dem Jugendlichen geeignete Ausbildungsbetriebe gesucht, die Bewerbungsunterlagen zusammengestellt und Vorstellungsgespräche eingeübt werden. Hinsichtlich der beruflichen Förderung bestehen neben der dualen Ausbildung je nach Fall weitere Möglichkeiten, so z.B. der Ausbildung in Berufsbildungszentren, berufsvorbereitende Angebote und Förderlehrgänge, Praktika und die Beschäftigung in Werkstätten für Menschen mit Behinderung. Begleitend zur Ausbildung muß der Jugendliche bei der Führung des Berichtshefts unterstützt werden und es können ausbildungsbegleitende Hilfen in Anspruch genommen werden. Kontakte mit den Ausbildungs- und Förderbetrieben entsprechen inhaltlich im wesentlichen denjenigen mit Lehrern im Rahmen der schulischen Förderung, außer daß es hier schwerpunktmäßig um Aspekte des konkreten Berufsalltags geht. Im Krankheitsfall muß der Jugendliche selbständig im Betrieb anrufen und alles Weitere abklären. - Als Indikatoren sind hier die Anzahl von Vorstellungsgesprächen, die Anzahl 'dualer' Ausbildungsplätze prozentual zu allen Auszubildenden, Krankheitstage, die Teilnah-

---

[213] Vgl: Gehres 1997: 197. Günder 2000: 63; zitiert Evangelisches Kinderheim, Jugendhilfe Herne & Wanne-Eickel gGmbH o.J.: o.S.. Günder 2000: 196-198. Hohm 2002: 146, 149, 152. Jordan 2000: 285. Klessinger/u.a. 2000b: 51-52, 56-58, 67. Schneider 2002a: 126.

me der Jugendlichen an Betriebsfesten usw., die Anzahl der Ausbildungsabschlüsse prozentual zu allen Abgängern und die Gefährdung des Arbeitsplatzes zu nennen.[214]

4.3.4. Eltern- und Familienarbeit

Unter Eltern- und Familienarbeit wird hier die Zusammenarbeit mit allen Personensorgeberechtigten, d.h. auch einem Vormund oder mit weiteren familiären Bezugspersonen, wie z.b. den Großeltern, Stiefeltern und der Familie als Ganzes, verstanden, soweit dies im Hilfeplan vereinbart wurde. Dies wird zum einen dem Wunsch- und Wahlrecht der Eltern hinsichtlich der Ausgestaltung der Hilfe z.b. nach §§ 5, 9 und 36 KJHG gerecht. Zum anderen erfüllt es vor allem den Auftrag gemäß § 37 KJHG nach einer Zusammenarbeit mit den Eltern *zum Wohl des Jugendlichen*, wobei "durch Beratung und Unterstützung [...] die Erziehungsbedingungen in der Herkunftsfamilie [...] soweit verbessert werden [sollen], daß sie das Kind oder den Jugendlichen wieder selbst erziehen kann", und die Beziehung des Jugendlichen zu seiner Herkunftsfamilie gefördert wird. Dies entspricht einem systemischen Ansatz, nach dem die Symptomatik eines Jugendlichen großteils als Reaktion auf Lebensverhältnisse in dessen Familie und deren Umfeld zu sehen ist, ohne deren Änderung die alltägliche Arbeit erschwert würde, eine eventuelle Rückkehr ins Elternhaus infragegestellt und nach einer Rückkehr der langfristige Erfolg gefährdet wäre. Deshalb richtet sich die Elternarbeit in Form sozialpädagogischer und therapeutischer Leistungen einerseits an die Eltern und Familien selbst, andererseits wirkt sie sich aber auch je nach Form und Umgang mit den Eltern und durch deren umfangreiche Einbeziehung wesentlich auf das Betreuungsgeschehen und damit auf den Erfolg der Hilfe aus.[215]

Die Elternarbeit zeichnet sich jedoch nicht nur durch eine Vielzahl möglicher Kooperationen zwischen Pädagogen, Psychologen, Einrichtung, Jugendlichen und Eltern aus, sondern auch durch vielfältige Formen, die sich hinsichtlich ihrer Zielsetzung in zwei Gruppen unterteilen lassen. Die erste umfaßt Formen formeller und informeller Kooperationen und dient der Unterstützung des Betreuungsprozesses in Form des Informationsaustausches, der Hilfe- und Erziehungsplanung, der Koordination von

---

[214] Vgl: BMFSFJ 2002: 176. Günder 2000: 63; zitiert Evangelisches Kinderheim, Jugendhilfe Herne & Wanne-Eickel gGmbH o.J.: o.S.. Jordan 2000: 285. Klessinger/u.a. 2000a: 32-33.

[215] Vgl: Freigang/Wolf 2001: 80. Gehres 1997: 200-201. Günder 2000: 211. Hamberger 1998b: 219-222. Münder/u.a. 1998: 336-337.

Alltagssituationen und Erziehungsstilen sowie der Bewältigung von Konflikten zwischen Erziehenden und Eltern. Hierzu zählen Kooperationsformen schriftlichen und telefonischen Kontaktes, Elterngespräche, Kurzkontakte, wechselseitige Besuche, Hilfe- und Erziehungsplangespräche, Elterntreffen, -abende, -gesprächskreise und -wochenenden, sowie Einladungen zu Feiern und Festen. Die zweite Gruppe umfaßt Formen des Elterntrainings, der Elternberatung und der Familienintervention, welche auf eine Veränderung von Wissen, Einstellungen, Handeln und Verhalten der Eltern und Förderung deren Ressourcen abzielen und in der Regel als Zusatzleistungen mit dem Jugendamt zu vereinbaren sind. Hierzu zählen die Beratung an sich in Form regelmäßiger Gespräche und Telefonate, Elternwochenenden und -freizeiten, Selbsthilfeprogramme, Elterntrainings und -gruppen, Familienbildung und -seminare, Familieninterventionen, Nachbetreuung und die Sozialpädagogische Familienhilfe. Aufgrund der Beteiligung und Kooperation vieler verschiedener Personen, Disziplinen und, teils auch externer, Dienste ist eine umfangreiche Koordination und Abstimmung in der Hilfe- und/oder Erziehungsplanung notwendig, um dadurch eine planmäßige und kontinuierliche Integration in den Heimalltag und somit beste Erfolgsaussichten zu gewährleisten.[216]

Hinsichtlich der konkreten alltäglichen Kooperation mit den Eltern sei auf die Beschreibung der Beziehungsgestaltung zu den Jugendlichen in Kapitel 4.3.2.1. verwiesen, wobei sich die Fachkräfte hier besonders wesentlicher Unterschiede bezüglich Alter, Herkunft, Bildung, Sozialisation und Werten im Vergleich zu den Eltern bewußt sein sollten, um eine vorurteilsfreie, den Eltern gerecht werdende Beurteilung zu ermöglichen. Deren grundlegende Wertschätzung, ein vertrauensvoller, offener Umgang und deren Sicht als Eltern, die "im Grunde das Beste für ihr Kind wollen"[217], tragen auch zu einer positiven Selbstbewertung des Jugendlichen bei. Das Wissen darum, mit den Eltern nicht nur Hilfebedürftige, sondern auch Anspruchsberechtigte, Kooperationspartner und (zahlende) Kunden vor sich zu haben, ist einer gelingenden Partizipation dienlich, bei der die Eltern möglichst kontinuierlich in die Abstimmung von Erziehungszielen, Maßnahmen und Interventionen einbezogen werden und ihnen entsprechend ihren Fähigkeiten auch für bestimmte Bereiche Verantwortung übertragen wird. Einer solchen Aktivierung und vor allem Transparenz dient auch die Begründung eigener Standpunkte durch die Erzieher und bei getroffenen Entscheidun-

---

[216] Vgl: Adler 2001a: 150-157. Adler 2001b: 194-199. Gehres 1997: 201. Günder 2000: 221, 246, 262. Hamberger 1998b: 218, 221. LVR/LWL 2003: 22.

[217] Günder 2000: 231.

gen das Einholen nachheriger Zustimmung der Eltern. Eine solch konstruktive Beziehungsgestaltung, bei der sich die Eltern akzeptiert fühlen, verhindert einerseits Loyalitätskonflikte des Jugendlichen und dient so dem Aufbau kumulativer oder fester Loyalitäten zu den Eltern als erfolgversprechendste Beziehungsformen. Andererseits führt dies zu einer größtmöglichen Unterstützung des Betreuungsprozesses durch die Eltern und damit erfolgreicheren Hilfe, welches wiederum die alltägliche Arbeit mit dem Jugendlichen, aber auch die Elternarbeit erleichtert. Auf diesem Fundament wird dann auch eine pädagogische oder therapeutische Bearbeitung von innerfamiliären Beziehungsproblemen und die Mobilisierung deren Ressourcen möglich. Dies umfaßt den Erwerb von Kompetenzen und Kenntnissen in der Elternrolle als Basis der Hilfe zur Selbsthilfe, zielt auf eine bessere Selbstwahrnehmung als Ausgangspunkt von Verhaltensänderungen und dient je nach Erfordernis einem konsequenteren bzw. motivierenderen Erziehungsverhalten. Dies zielt letztlich auf ein besseres Verhältnis zwischen Eltern und Jugendlichem, einer stabilen Beziehung für die Zukunft und bei Zielsetzung einer Rückkehr ins Elternhaus. - Eine gelungene Eltern- und Familienarbeit in Form regelmäßiger Kontakte, einer umfangreichen Partizipation und der Stärkung der Ressourcen stellt folglich eine wesentliche Voraussetzung für eine erfolgreiche Hilfe in Bezug auf den Jugendlichen und die Eltern dar und ist somit als zentral für die Qualitätsentwicklung in der Heimerziehung zu bezeichnen. Diesbezügliche Indikatoren sind die Anzahl und Art der Formen, deren zeitlicher Umfang und Teilnehmerzahlen, Anzahl und Art von Beschwerden bzw. Vorschlägen der Eltern, Befragungsergebnisse, die Dauer der Zusammenarbeit, Heimfahrten und Kontakte der Jugendlichen zur Familie, die Anzahl der Rückführungen und die Anzahl und Art der Kontakte zwischen Eltern und Erziehern nach der Entlassung.[218]

Zur Elternarbeit wird in der Literatur überwiegend auch die Biographiearbeit gezählt, welche sich z.B. durch das gemeinsame Lesen und Besprechen alter Briefe und Tagebucheinträge zusammen mit dem Jugendlichen, das Anschauen von Fotos oder Verfassen sog. ">Life-story-books<"[219], in denen Erinnerungen, Fotos, Briefe, Urkunden, Stammbäume, Zeichnungen usw. gesammelt und mit Notizen versehen werden, unterstützen läßt. Die Verortung der Biographiearbeit unter der Elterarbeit be-

---

[218] Vgl: Gehres 1997: 104, 107, 116, 152, 200-201. Günder 2000: 222, 225, 254. Hamberger 1998b: 221. JSB GmbH 2000: 169. Jordan 2000: 283, 285. KGSt 1993: 76-77. Klessinger 2000: 92. Reckert 1998: 23-24. Schmidt 2002a: 33. Schneider 2002a: 126. Schneider 2002b: 339. Wolf 1999: 105, 371. Wolf 2002: 130.
[219] Blandow 2001: 136.

ruht auf einem psychoanalytischen, bindungstheoretischen Ansatz, nach dem "eine Verarbeitung psychischer Konflikt- und Problemlagen bei [...] Jugendlichen nicht auf den Einbezug der Elternfiguren und -rollen"[220] aufgrund des häufigen Ursprungs von Persönlichkeitsstörungen im Eltern-Kind-Verhältnis verzichten kann, und dies selbst dann, wenn die Eltern dabei nicht zur Verfügung stehen. Die Aufarbeitung der eigenen Biographie und traumatischer Elemente, wie z.B. die Ablehnung durch die Eltern, ist wichtig für die Entwicklungsförderung und für Ablösungsprozesse. Eine reflektierte Sicht und realistische Beurteilung der Vergangenheit bilden die Basis des Verständnisses der Gegenwart und der eigenen Identität, weshalb der Jugendliche bei der Suche nach und dem Verständnis für seine Vergangenheit und auch für das Verhalten der Eltern Unterstützung finden muß. Dies ermöglicht, daß negative Empfindungen des Verstoßenseins und des Hasses zugunsten positiver Emotionen der Versöhnung weichen, welches der Klärung oder sogar dem Wiederaufbau von Beziehungen und damit einer Verringerung von Belastungen als Grundlage der Freisetzung von Entwicklungspotentialen dient. Somit läßt sich sagen, daß eine zufriedene, reflektierte und differenzierte Sicht der eigenen Lebensgeschichte und damit die Fähigkeit, ihr einen Sinn abzugewinnen, sich selbst zu verorten und Lebensperspektiven zu erkennen, als Basis der Entwicklung des Selbstkonzeptes, des Selbstvertrauens und der Selbstannahme ein wesentlicher Gradmesser für die Wirksamkeit der Heimunterbringung ist.[221]

---

[220] Günder 2000: 213.
[221] Vgl: Blandow 2001: 136. Freigang/Wolf 2001: 80. Gehres 1997: 30-31, 47, 179, 184-185, 210. Günder 2000: 211-216, 233-241. Hamberger 1998d: 514, 537. Wolf 1999: 105, 371.

5. Ausblick

Aufgrund der beschriebenen Diversifikation der Heimerziehung bzw. der Einrichtungen, Gruppen und deren Angebotsspektrum mußte in diesem Rahmen eine Beschränkung auf den Regelverlauf einer Heimunterbringung erfolgen. Weitere Angebote, wie z.B. nach dem Jugendgerichtsgesetz, dem Bundessozialhilfegesetz oder solche nach §§ 28 - 32 KJHG sowie Zusatzleistungen der heiminternen Beschulung und Ausbildung müßten deshalb separat erläutert werden. Deren Existenz würde zwar eine umfangreiche Koordination erfordern, aber aufgrund zusätzlicher interner Kooperationen eine integrative, ganzheitliche Hilfe im Einzelfall sowie präventive, niederschwellige Angebote vor Ort ermöglichen.

Ein solches Vorgehen wird einer flexiblen einzelfall- und bedarfsorientierten Hilfe gerecht, indem nicht der Jugendliche und seine Eltern an das Angebot der Einrichtung angepaßt werden, sondern das Angebot an den Jugendlichen, dessen Problem- und Ressourcenlage und das familiäre Umfeld. Dazu ist eine umfangreiche, kundenorientierte Qualitätsentwicklung notwendig, bei der die situativen Anforderungen sowie Erwartungen und Wünsche des Jugendlichen, seiner Eltern und des Jugendamtes als Kunden erfaßt, analysiert und zusammengeführt werden. Auf dem Fundament vertrauensvoller, akzeptierender Beziehungen und größtmöglicher Partizipation bei der Hilfe- und Erziehungsplanung sowie im Alltag werden möglichst einvernehmlich fallbezogene Ziele, Maßnahmen, Interventionen und Verantwortlichkeiten vereinbart. Dies gewährleistet eine paßgenaue Umsetzung und erfolgreiche Hilfe, deren Zielerreichung bzw. Zielerreichungsgrad durch einen Abgleich zwischen der Situation zu Beginn der Hilfe und derjenigen bei Entlassung zu erfassen und gemeinsam auszuwerten sind. Dadurch können die Professionalität der Hilfe und fallbezogene Wirkungen bzw. der Outcome bestimmt werden und bei Analyse der Struktur-, Prozeß- und Ergebnisqualität bzw. eventueller Abweichungen in Zukunft noch bessere, weil reflektierte und optimierte Leistungen im Einzelfall angeboten werden. Hierbei darf jedoch nicht übersehen werden, daß sich bei einer fallbezogenen Eruierung die Problematik fehlender linearer Kausalitäten zwischen Struktur-, Prozeß- und Ergebnisqualität in Form möglichen Mißerfolgs trotz bester Leistungen besonders stark bemerkbar machen kann. Bei Aufsummierung der Ergebnisse für eine ganze Einrichtung gleicht sich dies jedoch mit zunehmender Fallzahl bzw. Qualitätsbewertungen von Strukturen und Prozessen aus und liefert dann aussagekräftige Ergebnisse.

Zur Überprüfung der Struktur-, Prozeß- und Ergebnisqualität und damit zur Qualitätsentwicklung notwendige Indikatoren konnten hier aufgelistet werden, wobei eine Diskussion derselben unterblieb, welche in der Praxis jedoch zwingend erforderlich wäre und um weitere Kommentierungen ergänzt werden sollte. So können bspw. Rückführungsquoten ins Elternhaus bei gleichzeitiger Erfüllung der Zielsetzung ein positiver Indikator sein, jedoch bei älteren Jugendlichen als Zeichen für einen negativ zu bewertenden kurzfristigen Abbruch stehen. Somit versteht sich diese Untersuchung auch als Sammlung von Ideen und Anregungen struktur- und prozeßqualitativer Art sowie von Indikatoren und Instrumenten zur Analyse der Ergebnisqualität. Deren Erprobung und Umsetzung könnte anhand einer kritischen Übernahme zu einrichtungsspezifisch passenden Vorgehensweisen und Indikatoren führen, wobei quantitative Meßwerte über den Aufbau von Kennzahlensystemen und operativen Frühwarnsystemen einen wesentlichen Beitrag zu einem fachlichen und wirtschaftlichen Controlling liefern würden. Diesbezüglich dienen sie auch intern der Formulierung operationalisierter Zielsetzungen mit absoluten oder relativen Meßwerten sowie Erfolgsspannen, als Benchmarking einem Vergleich mit anderen Einrichtungen und Unternehmen hinsichtlich Meßwerten und Prozessen, sowie extern der fachlichen Weiterentwicklung in einem regionalen Qualitätsdialog. Ein im Rahmen sparpolitischer Zusammenhänge geforderter und faktisch schon gegebener Wettbewerb, der jedoch aktuell zumeist nur die Kosten berücksichtigt, könnte dann um deren Relation zur Ergebnisqualität bzw. zu den Wirkungen ergänzt werden. Dies entspräche einerseits aktuellen Forderungen nach einer wirkungsorientierten Steuerung mit finanziellen Anreizen[222], andererseits würde dies ein Ablehnen oder Abschieben 'schwierigerer' Fälle zumindest teilweise verhindern.

Eine kundenorientierte Qualitätsentwicklung dient somit nicht nur einer gelingenden Hilfe im Einzelfall, sondern führt auch zu besseren Erfolgsaussichten einer Einrichtung, die bei Erreichen übergeordneter Qualitätsziele nach außen den Nachweis professioneller und erfolgreicher Leistungen erbringen kann. Ein solches Vorgehen ermöglicht dann sowohl die Legitimation und Sicherung der eigenen Arbeit und Existenz, als es letztlich auch den Beweis der Heimerziehung als, wenn auch kostenintensive, so doch sinnvolle Zukunftsinvestition zu liefern vermag.

---

[222] Vgl: JSB GmbH 2000: 28. Struzyna 2002: 40-47.

LITERATURVERZEICHNIS

Abrahamczik 1998:
Abrahamczik, Volker: Qualitätsoptimierung in der Heimerziehung. In: Verband Katholischer Einrichtungen der Heim- und Heilpädagogik e.V. (Hrsg.): Jugendhilfe morgen – Qualitätsmanagement in der Heimerziehung. Reihe: Beiträge zur Erziehungshilfe. Hrsg. von Esser, Klaus. Band 16. Freiburg im Breisgau, 1998. S. 100-120.

Adler 2001a:
Adler, Helmut: Formen der Eltern- und Familienarbeit in der Jugendhilfe. Teil 1 - Kooperationsansätze. In: unsere jugend. Die Zeitschrift für Studium und Praxis der Sozialpädagogik. Hrsg. von Mehringer, Andreas; u.a.. 53. Jg., Heft 4. München, 2001. S. 149-158.

Adler 2001b:
Adler, Helmut: Formen der Eltern- und Familienarbeit in der Jugendhilfe. Teil 2 - Elterntraining und Familienintervention. In: unsere jugend. Die Zeitschrift für Studium und Praxis der Sozialpädagogik. Hrsg. von Mehringer, Andreas; u.a.. 53. Jg., Heft 5. München, 2001. S. 194-204.

BAGLJÄ 2000:
Bundesarbeitsgemeinschaft der Landesjugendämter / BAGLJÄ (Hrsg.): Hinweise zu den Steuerungsmöglichkeiten durch Leistungs-, Entgelt- und Qualitätsentwicklungsvereinbarungen unter Berücksichtigung von individuellen Hilfeplänen, Jugendhilfeplanung, Qualitätsstandards und finanziellen Rahmenbedingungen. In: www.bagljae.de/Stellungnahmen/Hinweis.pdf. Ausdruck vom 26.02.2003. Köln, 2000.

BMFSFJ 2002:
Bundesministerium für Familie, Senioren, Frauen und Jugend / BMFSFJ (Hrsg.): Elfter Kinder- und Jugendbericht. Bericht über die Lebenssituation junger Menschen und die Leistungen der Kinder- und Jugendhilfe in Deutschland. Berlin, 2002.

Bäcker/u.a. 2000:
Bäcker, Gerhard; Bispinck, Reinhard; Hofemann, Klaus; Naegele, Gerhard: Sozialpolitik und soziale Lage in Deutschland. Band 2 - Gesundheit und Gesundheitssystem, Familie, Alter, Soziale Dienste. Wiesbaden, 3., grundlegend überarbeitete und erweiterte Auflage 2000.

Baur 1998:
Baur, Dieter: Das Betreute Wohnen aus Sicht der jungen Menschen. In: BMFSFJ (Hrsg.): Leistungen und Grenzen von Heimerziehung. Reihe: Schriftenreihe des Bundesministeriums für Familie, Senioren, Frauen und Jugend. Band 170. Stuttgart/Berlin/Köln, 1998. S. 577-602.

Baur/u.a. 1998:
Baur, Dieter; Finkel, Margarete; Hamberger, Matthias; Kühn, Axel: Ergebnisse im Überblick. In: BMFSFJ (Hrsg.): Leistungen und Grenzen von Heimerziehung. Reihe: Schriftenreihe des Bundesministeriums für Familie, Senioren, Frauen und Jugend. Band 170. Stuttgart/Berlin/Köln, 1998. S. 17-32.

Berker 1998:
Berker, Peter: Innensteuerung durch Supervision. In: Merchel, Joachim (Hrsg.): Qualität in der Jugendhilfe. Münster, 1998. S. 312-325.

Beywl/Heiner 2000:
Beywl, Wolfgang; Heiner, Maja: Interne Evaluation (Selbstevaluation). Darstellung des Verfahrens. In: Merchel, Joachim (Hrsg.): Qualitätsentwicklung in Einrichtungen und Diensten der Erziehungshilfe. Frankfurt am Main, 2000. S. 111–132.

Bingel/Rattay 2002:
Bingel, Gabriele; Rattay, Petra: Zwischen Fürsorge und Eigenständigkeit. Die Verselbständigung im betreuten Wohnen aus der Sicht von jungen Frauen. In: Blätter der Wohlfahrtspflege. Deutsche Zeitschrift für Sozialarbeit. Hrsg. vom Wohlfahrtswerk für Baden-Württemberg. 149. Jg., Heft 2. Baden-Baden, 2002. S. 68-72.

Blandow 2001:
Blandow, Jürgen: Dokumentation in der Heimerziehung. Reflexionen über Sinn und Zweck, Voraussetzungen und Probleme. In: Forum Erziehungshilfen. Hrsg. von der Internationalen Gesellschaft für erzieherische Hilfen (IGfH). 7. Jg., Heft 3. Münster, 2001. S. 132-141.

Blandow/u.a. 1999:
Blandow, Jürgen; Gintzel, Ullrich; Hansbauer, Peter: Partizipation als Qualitätsmerkmal in der Heimerziehung. Eine Diskussionsgrundlage. Münster, 1999.

Bröckermann 1997:
Bröckermann, Reiner: Personalwirtschaft. Arbeitsbuch für das praxisorientierte Studium. Köln, 1997.

Bruhn 2000:
Bruhn, Manfred: Qualitätssicherung im Dienstleistungsmarketing – eine Einführung in die theoretischen und praktischen Probleme. In: Bruhn, Manfred; Stauss, Bernd (Hrsg.): Dienstleistungsqualität. Wiesbaden, 3., vollständig überarbeitete und erweiterte Auflage 2000. S. 21-48.

Burmeister 1999:
Burmeister, Jürgen: Qualitätsmanagement in der Heimerziehung durch den Vergleich mit anderen – ein Plädoyer für ein pragmatisches Vorgehen. In: Forum Erziehungshilfen. Hrsg. von der Internationalen Gesellschaft für erzieherische Hilfen (IGfH). 5. Jg., Heft 1. Münster, 1999. S. 47-53.

Burmeister/u.a. 1998:
Burmeister, Jürgen; Lehnerer, Claudia; Keßmann, Heinz-Josef; Hoffstadt, Peter: Ergebnisse des Qualitätssicherungsprozesses im Jugendhaus Düsseldorf e.V. – ein Projektbericht. Reihe: Qs – Materialien zur Qualitätssicherung in der Kinder- und Jugendhilfe. Hrsg. vom BMFSFJ. Heft Qs 16. Bonn, 1998.

Caritas-Jugendhilfe GmbH 1997:
Caritas-Jugendhilfe GmbH (Hrsg.): Qualitätsmanagement-Handbuch der Caritas-Jugendhilfe GmbH. Köln, 1997.

Dedekind 1999:
Dedekind, Marion: Die Leistungsbeschreibung. Qualitätsdiskussion zwischen Aktionismus und notwendiger Neuorientierung. In: Kröger, Rainer (Hrsg.): Leistung, Entgelt und Qualitätsentwicklung in der Jugendhilfe. Neuwied/Krieftel, 1999. S. 85-97.

Degenhardt/Maulwurf 1995:
Degenhardt, Friederike; Maulwurf, Ingrid: Drogenkonsum in der Jugendhilfe – Akzeptanz versus Ausgrenzung. Ein Betreuungskonzept für jugendliche KonsumentInnen illegaler Drogen. In: Wolf, Klaus (Hrsg.): Entwicklungen in der Heimerziehung. Münster, 2. Auflage 1995. S. 204-218.

Drabner/Pawelleck 1997:
Drabner, Claudia; Pawelleck, Thomas: Qualitätsmanagement in Sozialen Einrichtungen am Beispiel der Jugendhilfe. Ein Leitfaden für die Praxis. Freiburg im Breisgau, 1997.

Drabner/Pawelleck 1998:
Drabner, Claudia; Pawelleck, Thomas: Bündelung der Energien durch zielorientierte Führung. Reihe: Qs – Materialien zur Qualitätssicherung in der Kinder- und Jugendhilfe. Hrsg. vom BMFSFJ. Heft Qs 18. Berlin, 1998. S. 31-35.

EFQM 2000:
European Foundation for Quality Management / EFQM: Das EFQM-Modell für Excellence. Öffentlicher Dienst und soziale Einrichtungen. Brüssel, überarbeitete deutsche Ausgabe 2000.

Ebeling 2002:
Ebeling, Rolf: Evaluation des Qualitätsmanagements der Jugendhilfe am Beispiel des Eckehardter Modells. Stuttgart, 2002.

Eversheim 1997:
Eversheim, Walter (Hrsg.): Qualitätsmanagement für Dienstleister. Grundlagen, Selbstanalyse, Umsetzungshilfen. Reihe: Qualitätsmanagement. Hrsg. von Mikosch, Falk. Berlin/Heidelberg, 1997.

Finkel 1998a:
Finkel, Margarete: "Das Problem beim Namen nennen!" – Kinder und Jugendliche mit sexuellen Gewalterfahrungen in Hilfen zur Erziehung. In: BMFSFJ (Hrsg.): Leistungen und Grenzen von Heimerziehung. Reihe: Schriftenreihe des Bundesministeriums für Familie, Senioren, Frauen und Jugend. Band 170. Stuttgart/Berlin/Köln, 1998. S. 351-385.

Finkel 1998b:
Finkel, Margarete: Zufrieden und doch nicht ganz zu Hause? – Junge MigrantInnen in Hilfen zur Erziehung. In: BMFSFJ (Hrsg.): Leistungen und Grenzen von Heimerziehung. Reihe: Schriftenreihe des Bundesministeriums für Familie, Senioren, Frauen und Jugend. Band 170. Stuttgart/Berlin/Köln, 1998. S. 386-421.

Finkel 1998c:
Finkel, Margarete: "Strategien gegen Ausgrenzung" – Zusammenfassende Analyse der ausgewählten AdressatInnengruppen. In: BMFSFJ (Hrsg.): Leistungen und Grenzen von Heimerziehung. Reihe: Schriftenreihe des Bundesministeriums für Familie, Senioren, Frauen und Jugend. Band 170. Stuttgart/Berlin/Köln, 1998. S. 422-427.

Finkel/Hamberger 1998a:
Finkel, Margarete; Hamberger, Matthias: Evaluationsforschung im Bereich erzieherischer Hilfen und der Evaluationsansatz der Untersuchung. In: BMFSFJ (Hrsg.): Leistungen und Grenzen von Heimerziehung. Reihe: Schriftenreihe des Bundesministeriums für Familie, Senioren, Frauen und Jugend. Band 170. Stuttgart/Berlin/Köln, 1998. S. 53-76.

Finkel/Hamberger 1998b:
Finkel, Margarete; Hamberger, Matthias: Anlage und Durchführung der Untersuchung. In: BMFSFJ (Hrsg.): Leistungen und Grenzen von Heimerziehung. Reihe: Schriftenreihe des Bundesministeriums für Familie, Senioren, Frauen und Jugend. Band 170. Stuttgart/Berlin/Köln, 1998. S. 77-114.

Flosdorf 1988:
Flosdorf, Peter: Die Gruppe als soziales Lernfeld. In: Flosdorf, Peter (Hrsg.): Theorie und Praxis stationärer Erziehungshilfe. Band 2 - Die Gestaltung des Lebensfeldes Heim. Reihe: Freiburger Sozialpädagogische Beiträge. Band 19 (zwei Bände). Hrsg. von Schmidle, Paul; Junge, Hubertus. Freiburg im Breisgau, 1988. S. 129-173.

Flosdorf 1990:
Flosdorf, Peter: Geschlechtsspezifische Erziehung im Rahmen katholischer Heimerziehung. Thesen und Perspektiven. In: Verband Katholischer Einrichtungen der Heim- und Heilpädagogik e.V. (Hrsg.): Stationäre Erziehungshilfe für Mädchen. Reihe: Beiträge zur Erziehungshilfe. Band 7. Freiburg im Breisgau, 1990. S. 90-98.

Flosdorf/u.a. 1987:
Flosdorf, Peter; Schuler, Arnulf; Weinschenk, Reinhold: Anleiten, Befähigen, Beraten im Praxisfeld Heimerziehung. Formen und Möglichkeiten zur Verbesserung und Erhaltung der beruflichen und persönlichen Kompetenz der Mitarbeiter in der Heimerziehung. Reihe: Freiburger Sozialpädagogische Beiträge. Band 18. Hrsg. von Schmidle, Paul; Junge, Hubertus. Freiburg im Breisgau, 1987.

Freigang/Wolf 2001:
Freigang, Werner; Wolf, Klaus: Heimerziehungsprofile. Sozialpädagogische Porträts. Reihe: Berufsfelder Sozialer Arbeit. Hrsg. von Müller, Wolfgang. Band 4. Weinheim/Basel, 2001.

Friebertshäuser 2001:
Friebertshäuser, Barbara: Rituale im pädagogischen Alltag. Inszenierungen von Statuspassagen in Institutionen der öffentlichen Erziehung. In: neue praxis. Zeitschrift für Sozialarbeit, Sozialpädagogik und Sozialpolitik. Hrsg. von Hirschauer, Paul; u.a.. 31. Jg., Heft 5. Neuwied, 2001. S. 491-506.

Gehres 1997:
Gehres, Walter: Das zweite Zuhause. Institutionelle Einflüsse, Lebensgeschichte und Persönlichkeitsentwicklung von dreißig ehemaligen Heimkindern. Reihe: Focus Soziale Arbeit. Hrsg. von Belardi, Nando. Materialien-Band 2. Opladen, 1997.

Geiser 2000:
Geiser, Kaspar: Klientbezogene Aktenführung und Dokumentation in der Sozialarbeit. In: Brack, Ruth; Geiser, Kaspar (Hrsg.): Aktenführung in der Sozialarbeit. Reihe: Soziale Arbeit. Hrsg. von der Schweizerischen Arbeitsgemeinschaft der Fachhochschulen und Höheren Fachschulen für Soziale Arbeit. Band 16. Bern/Stuttgart/Wien, 2., korrigierte Auflage 2000. S. 23-45.

Gerull 1997:
Gerull, Peter: Leistungsorientierung, Leistungsbeschreibung und Leistungserfassung. Ansätze für eine Qualitätssicherung in der Kinder- und Jugendhilfe. In: unsere jugend. Die Zeitschrift für Studium und Praxis der Sozialpädagogik. Hrsg. von Mehringer, Andreas; u.a.. 49. Jg., Heft 9. München, 1997. S. 370-381.

Gerull 1999:
Gerull, Peter: Selbstbewertung des Qualitätsmanagements - eine Arbeitshilfe. Reihe: Qs – Materialien zur Qualitätssicherung in der Kinder- und Jugendhilfe. Hrsg. vom BMFSFJ. Heft Qs 24. Berlin, 1999.

Gerull 2000:
Gerull, Peter: Tendenzen des Umgangs mit der Qualitätsdiskussion in Einrichtungen der Erziehungshilfe. In: Merchel, Joachim (Hrsg.): Qualitätsentwicklung in Einrichtungen und Diensten der Erziehungshilfe. Frankfurt am Main, 2000. S. 195–217.

Gerull/Post 1999:
Gerull, Peter; Post, Eckehart: Qualitätssicherung durch Kunden- und Mitarbeiterbefragungen. In: unsere jugend. Die Zeitschrift für Studium und Praxis der Sozialpädagogik. Hrsg. von Mehringer, Andreas; u.a.. 51. Jg., Heft 1. München, 1999. S. 15-24.

Goldberg/u.a. 1999:
Goldberg, Bärbel; Sallach, Reinhard; Walta, Petra: Die letzten Wochen in der Wohngruppe. In: Forum Erziehungshilfen. Hrsg. von der Internationalen Gesellschaft für erzieherische Hilfen (IGfH). 5. Jg., Heft 5. Münster, 1999. S. 260-265.

Günder 2000:
Günder, Richard: Praxis und Methoden der Heimerziehung. Entwicklungen, Veränderungen und Perspektiven der stationären Erziehungshilfe. Freiburg im Breisgau, 2000.

Hamberger 1998a:
Hamberger, Matthias: Zur Notwendigkeit der Evaluationsforschung im Bereich erzieherischer Hilfen. In: BMFSFJ (Hrsg.): Leistungen und Grenzen von Heimerziehung. Reihe: Schriftenreihe des Bundesministeriums für Familie, Senioren, Frauen und Jugend. Band 170. Stuttgart/Berlin/Köln, 1998. S. 34-52.

Hamberger 1998b:
Hamberger, Matthias: Erzieherische Hilfen im Heim. In: BMFSFJ (Hrsg.): Leistungen und Grenzen von Heimerziehung. Reihe: Schriftenreihe des Bundesministeriums für Familie, Senioren, Frauen und Jugend. Band 170. Stuttgart/Berlin/Köln, 1998. S. 200-258.

Hamberger 1998c:
Hamberger, Matthias: Leistungsfelder der untersuchten Hilfen aus Sicht der AdressatInnen. Einleitung. In: BMFSFJ (Hrsg.): Leistungen und Grenzen von Heimerziehung. Reihe: Schriftenreihe des Bundesministeriums für Familie, Senioren, Frauen und Jugend. Band 170. Stuttgart/Berlin/Köln, 1998. S. 430-437.

Hamberger 1998d:
Hamberger, Matthias: Heimerziehung aus Sicht der jungen Menschen. In: BMFSFJ (Hrsg.): Leistungen und Grenzen von Heimerziehung. Reihe: Schriftenreihe des Bundesministeriums für Familie, Senioren, Frauen und Jugend. Band 170. Stuttgart/Berlin/Köln, 1998. S. 506-576.

Hansbauer 2003:
Hansbauer, Peter: Adressatinnen und Adressaten zur Qualität in stationären Erziehungshilfen. In: Sozialpädagogisches Institut im SOS-Kinderdorf e.V. (Hrsg.): Qualitätsentwicklung und Qualitätswettbewerb. Reihe: SPI-Schriftenreihe. Dokumentation 2. München, 2003. S. 104-115.

Hansbauer/Kriener 2000a:
Hansbauer, Peter; Kriener, Martina: Partizipation von Mädchen und Jungen als Instrument zur Qualitätsentwicklung in stationären Hilfen (§ 78 b SGB VIII). In: Merchel, Joachim (Hrsg.): Qualitätsentwicklung in Einrichtungen und Diensten der Erziehungshilfe. Frankfurt am Main, 2000. S. 219–245.

Hansbauer/Kriener 2000b:
Hansbauer, Peter; Kriener, Martina: Soziale Aspekte der Dienstleistungsqualität in der Heimerziehung. Anmerkungen und empirische Hinweise zu den anstehenden Qualitätsentwicklungsvereinbarungen nach §§ 78 a – g SGB VIII. In: neue praxis. Zeitschrift für Sozialarbeit, Sozialpädagogik und Sozialpolitik. Hrsg. von Hirschauer, Paul; u.a.. 30. Jg., Heft 3. Neuwied, 2000. S. 254-270.

Hansen 1994:
Hansen, Gerd: Die Persönlichkeitsentwicklung von Kindern in Erziehungsheimen. Ein empirischer Beitrag zur Sozialisation durch Institutionen der öffentlichen Erziehungshilfe. Weinheim, 1994.

Hardenberg 2002:
Hardenberg, Cornelia von: Qualitätsmanagement in sozialen Organisationen. Sie erfahren, welche Systeme es gibt und welches für Ihre Organisation geeignet ist. In: Kreuzhage, Stephanie (Hrsg.): Praxishandbuch Sozialmanagement. Stand Februar/ März 2003. Bonn, Aktualisierung Januar/Februar 2002. Kapitel Q29/Qualitätsmanagement.

Hardenberg 2003:
Hardenberg, Cornelia von: QM-Handbuch. Wie Sie mit Ihrem QM-Handbuch ein optimales Qualitätsniveau für Ihre Einrichtung sichern. In: Kreuzhage, Stephanie (Hrsg.): Praxishandbuch Sozialmanagement. Stand Februar/März 2003. Bonn, Aktualisierung Januar 2003. Kapitel Q35/QM-Handbuch.

Heiner 2002:
Heiner, Maja: Performanz kann man analysieren. In: SOCIALmanagement. Zeitschrift für Sozialwirtschaft. Hrsg. von Becher, Berthold; u.a.. 12. Jg., Heft 6. Baden-Baden, 2002. S. 18-21.

Hekele 1999:
Hekele, Kurt: Qualitätssteuerung sozialer Arbeit. Wie kann man mit einem zielorientierten ressourcenbewußten Selbststeuerungsverfahren arbeiten? In: Kröger, Rainer (Hrsg.): Leistung, Entgelt und Qualitätsentwicklung in der Jugendhilfe. Neuwied/ Krieftel, 1999. S. 207-237.

Herzog 2002:
Herzog, Martin: Wozu es nützlich sein kann, wenn Heimerziehung "unsteter" wird. In: unsere jugend. Die Zeitschrift für Studium und Praxis der Sozialpädagogik. Hrsg. von Mehringer, Andreas; u.a.. 54. Jg., Heft 7+8. München, 2002. S. 311-320.

Hohenschild 2002:
Hohenschild, Susanne: Die neue DIN ISO Norm – auch ein Modell für die Qualitätsentwicklung in der Sozialen Arbeit? Erläuterung der wichtigsten Änderungen von der Norm aus dem Jahr 1994 zur Norm aus dem Jahr 2000. In: Vomberg, Edeltraud (Hrsg.): Qualitätsmanagement als Zukunftsstrategie für die Soziale Arbeit. Reihe: Schriften des Fachbereiches Sozialwesen an der Hochschule Niederrhein Mönchengladbach. Hrsg. vom Dekan des Fachbereiches Sozialwesen. Band 32. Mönchengladbach, 2002. S. 41-57.

Hohm 2002:
Hohm, Erika: Ergebnisinstrument. In: BMFSFJ (Hrsg.): Effekte erzieherischer Hilfen und ihre Hintergründe. Reihe: Schriftenreihe des Bundesministeriums für Familie, Senioren, Frauen und Jugend. Band 219. Stuttgart, 2002. S. 141-189.

Hohm/u.a. 2002:
Hohm, Erika; Schmidt, Martin; Flosdorf, Peter: Verlauf der Hilfen. In: BMFSFJ (Hrsg.): Effekte erzieherischer Hilfen und ihre Hintergründe. Reihe: Schriftenreihe des Bundesministeriums für Familie, Senioren, Frauen und Jugend. Band 219. Stuttgart, 2002. S. 190-301.

JSB GmbH 2000:
JSB Dr. Jan Schröder Beratungsgesellschaft mbH (Hrsg.): Handbuch zur Neuen Steuerung in der Kinder- und Jugendhilfe. Eine Arbeitshilfe für öffentliche und freie Träger. Reihe: Schriftenreihe des Bundesministeriums für Familie, Senioren, Frauen und Jugend. Band 187. Stuttgart/Berlin/Köln, 2000.

Jaenicke 2002:
Jaenicke, Bernd: Systematisches Beschwerdemanagement. Nutzen Sie die Beschwerden ihrer Klienten zur Verbesserung ihrer Dienstleistungen. In: Beck, Martin (Hrsg.): Handbuch Sozialmanagement. Band 1. Stand 11/2002. Stuttgart/Berlin, 2002. Kapitel A 2.2.

Janze 1999:
Janze, Nicole: Anhaltender Anstieg der Heimerziehung. Neue Befunde – neue Irritationen. In: Forum Jugendhilfe. Hrsg. von der Arbeitsgemeinschaft für Jugendhilfe (AGJ). Heft 2. Bonn, 1999. S. 43-45.

Jochum/Wingert 1991:
Jochum, Irene; Wingert, Bernd: Pädagogik und Alltag. In: Planungsgruppe PETRA (Hrsg.): Analyse von Leistungsfeldern der Heimerziehung. Reihe: Studien zur Jugend- und Familienforschung. Hrsg. von Petermann, Franz. Band 1. Frankfurt am Main, 3. Auflage 1991. S. 213-371.

Jordan 2000:
Jordan, Erwin: Qualitätsentwicklung und Verwaltungsmodernisierung – neue Herausforderungen an die Jugendhilfeplanung. In: Jordan, Erwin; Schone, Reinhold (Hrsg.): Handbuch Jugendhilfeplanung. Münster, 2. Auflage 2000. S. 251-327.

Jordan/Schone 2000:
Jordan, Erwin; Schone, Reinhold: Aufgaben, Konzepte, Ziele und Realisierungsbedingungen. In: Jordan, Erwin; Schone, Reinhold (Hrsg.): Handbuch Jugendhilfeplanung. Münster, 2. Auflage 2000. S. 57-120.

Jordan/Stork 2000:
Jordan, Erwin; Stork, Remi: Beteiligung in der Jugendhilfeplanung. In: Jordan, Erwin; Schone, Reinhold (Hrsg.): Handbuch Jugendhilfeplanung. Münster, 2. Auflage 2000. S. 519-573.

KGSt 1993:
Kommunale Gemeinschaftsstelle / KGSt (Hrsg.): Organisation der Jugendhilfe. Ziele, Aufgaben und Tätigkeiten des Jugendamtes. Bericht Nummer 3/1993. Köln, 1993.

KGSt 1994:
Kommunale Gemeinschaftsstelle / KGSt (Hrsg.): Das Neue Steuerungsmodell. Definition und Beschreibung von Produkten. Bericht Nummer 8/1994. Köln, 1994.

Klatetzki 1998:
Klatetzki, Thomas: Qualitäten der Organisation. In: Merchel, Joachim (Hrsg.): Qualität in der Jugendhilfe. Münster, 1998. S. 61-75.

Klessinger 2000:
Klessinger, Nicolai: Darstellung der Zusammenhangsstruktur zwischen Erfolgskriterien und Prozessmerkmalen mit Hilfe eines Kettengraphen. In: Patzelt, Harald (Hrsg.): Würzburger-Jugendhilfe-Evaluationsstudie (WJE). In: www.ikj-mainz.de/Frames/Haupt/Downloads.htm. Ausdruck vom 26.02.2003. Würzburg, 2000. S. 87-92.

Klessinger/u.a. 2000a:
Klessinger, Nicolai; Knab, Eckart; Macsenaere, Michael; Westerbarkei, Astrid: Praxisforschungsprojekt "Erfolg und Misserfolg in der Heimerziehung – Eine katamnestische Befragung ehemaliger Heimbewohner". Abschlussbericht. Hrsg. vom Landeswohlfahrtsverband Baden. In: www.ikj-mainz.de/Frames/Haupt/Downloads.htm. Ausdruck vom 26.02.2003. Karlsruhe, 2000.

Klessinger/u.a. 2000b:
Klessinger, Nicolai; Krettek, Christine; Westerbarkei, Astrid: Darstellung und Interpretation der Ergebnisse. In: Patzelt, Harald (Hrsg.): Würzburger-Jugendhilfe-Evaluationsstudie (WJE). In: www.ikj-mainz.de/Frames/Haupt/Downloads.htm. Ausdruck vom 26.02.2003. Würzburg, 2000. S. 22-86.

Klessinger/Westerbarkei 2000:
Klessinger, Nicolai; Westerbarkei, Astrid: Zusammenfassung und Schlußfolgerungen aus den Ergebnissen der WJE-Studie. In: Patzelt, Harald (Hrsg.): Würzburger-Jugendhilfe-Evaluationsstudie (WJE). In: www.ikj-mainz.de/Frames/Haupt/Downloads.htm. Ausdruck vom 26.02.2003. Würzburg, 2000. S. 93-100.

Knab/Macsenaere 1998:
Knab, Eckhart; Macsenaere, Michael: Strukturqualität in katholischen Einrichtungen. Ergebnisse einer regionalen Befragung. In: Verband Katholischer Einrichtungen der Heim- und Heilpädagogik e.V. (Hrsg.): Jugendhilfe morgen – Qualitätsmanagement in der Heimerziehung. Reihe: Beiträge zur Erziehungshilfe. Hrsg. von Esser, Klaus. Band 16. Freiburg im Breisgau, 1998. S. 38-47.

Knauer 2002:
Knauer, Raingard: Beteiligung in der Kommune. In: BMFSFJ (Hrsg.): Partizipation von Kindern und Jugendlichen als gesellschaftliche Utopie? Dokumentation des Bundeskongresses am 12./13. November 2001. Berlin, 2002. S. 155-167.

König 2000:
König, Joachim: Einführung in die Selbstevaluation. Ein Leitfaden zur Bewertung der Praxis Sozialer Arbeit. Freiburg im Breisgau, 2000.

Konermann 2001:
Konermann, Klemens: Qualitätsmanagement in der Jugendhilfe. In: Schubert, Herbert (Hrsg.): Sozialmanagement. Opladen, 2001. S. 91-101.

Kracht/Wieschollek 1996:
Kracht, Peter; Wieschollek, Rainer: Strategische und operative Frühwarnsysteme als Steuerungsinstrument der Verwaltungsspitze in Non-Profit-Organisationen. Beispiel für den Aufbau und die Anwendung. In: Strunk, Andreas (Hrsg.): Dienstleistungscontrolling. Reihe: Edition SocialManagement. Band 3. Baden-Baden, 1996. S. 104-117.

Krafeld 1996:
Krafeld, Franz Josef: Die Praxis Akzeptierender Jugendarbeit. Konzepte – Erfahrungen – Analysen aus der Arbeit mit rechten Jugendcliquen. Opladen, 1996.

Krappmann 2001:
Krappmann, Lothar: Bindungsforschung und Kinder- und Jugendhilfe. Was haben sie einander zu bieten? In: neue praxis. Zeitschrift für Sozialarbeit, Sozialpädagogik und Sozialpolitik. Hrsg. von Hirschauer, Paul; u.a.. 31. Jg., Heft 4. Neuwied, 2001. S. 338-346.

Krappmann 2002:
Krappmann, Lothar: Demokratie lernen? Lern- und Bildungsprozesse in Beteiligungsmodellen. In: BMFSFJ (Hrsg.): Partizipation von Kindern und Jugendlichen als gesellschaftliche Utopie? Dokumentation des Bundeskongresses am 12./13. November 2001. Berlin, 2002. S. 66-69.

Krauß/Weiß 1998:
Krauß, Paul-Heinz; Weiß, Ulrich: Worauf die Jugendämter Wert legen. Reihe: Qs – Materialien zur Qualitätssicherung in der Kinder- und Jugendhilfe. Hrsg. vom BMFSFJ. Heft Qs 18. Berlin, 1998. S. 48-51.

Kriener/Petersen 1999:
Kriener, Martina; Petersen, Kerstin: Partizipation von Mädchen und Jungen als Recht und als sozialpädagogische Handlungsmaxime. Ziel eines Praxisprojektes in der Jugendhilfe. In: Kriener, Martina; Petersen, Kerstin (Hrsg.): Beteiligung in der Jugendhilfepraxis. Münster, 1999. S. 20-44.

Kröger 2003:
Kröger, Rainer: Leistungs-, Entgelt- und Qualitätsentwicklungsvereinbarung als
Einheit oder unterschiedliche Verfahren? Probleme und Perspektiven der Umsetzung.
In: Sozialpädagogisches Institut im SOS-Kinderdorf e.V. (Hrsg.): Qualitäts-
entwicklung und Qualitätswettbewerb. Reihe: SPI-Schriftenreihe. Dokumentation 2.
München, 2003. S. 22-35.

Kühn 1998a:
Kühn, Axel: "Akzeptieren oder Ignorieren?" – Drogen in Hilfen zur Erziehung. In:
BMFSFJ (Hrsg.): Leistungen und Grenzen von Heimerziehung. Reihe: Schriftenreihe
des Bundesministeriums für Familie, Senioren, Frauen und Jugend. Band 170.
Stuttgart/Berlin/Köln, 1998. S. 333-350.

Kühn 1998b:
Kühn, Axel: Das Jugendamt aus Sicht der jungen Menschen und ihrer Eltern. In:
BMFSFJ (Hrsg.): Leistungen und Grenzen von Heimerziehung. Reihe: Schriftenreihe
des Bundesministeriums für Familie, Senioren, Frauen und Jugend. Band 170.
Stuttgart/Berlin/Köln, 1998. S. 438-451.

LVR 2001:
Landschaftsverband Rheinland / LVR (Hrsg.): Arbeitshilfen zum Hilfeplanverfahren
gemäß § 36 SGB VIII. Köln, 2001.

LVR/LWL 2002:
Landschaftsverband Rheinland / LVR; Landschaftsverband Westfalen-Lippe / LWL
(Hrsg.): Empfehlungen zur Hilfe für junge Volljährige nach § 41 SGB VIII /
§ 72 BSHG. Köln/Münster, 2002.

LVR/LWL 2003:
Landschaftsverband Rheinland / LVR; Landschaftsverband Westfalen-Lippe / LWL
(Hrsg.): Rahmenvertrag I für die Übernahme von Leistungsentgelten in der
Jugendhilfe nach § 78 a – f SGB VIII. Rahmenvertrag I NRW inklusive der Anlagen
I – VIII. In: www.paridienst.de/seiten/rahmenvertrag_03_06_01.pdf. Ausdruck vom
05.08.2003. Köln/Münster, Stand 14.05.2003.

Lambach 1991:
Lambach, Rolf: Die Organisation Heim. In: Planungsgruppe PETRA (Hrsg.):
Analyse von Leistungsfeldern der Heimerziehung. Reihe: Studien zur Jugend- und
Familienforschung. Hrsg. von Petermann, Franz. Band 1. Frankfurt am Main,
3. Auflage 1991. S. 59-176.

Macsenaere 2002:
Macsenaere, Michael: Strukturinstrument. In: BMFSFJ (Hrsg.): Effekte erzieherischer Hilfen und ihre Hintergründe. Reihe: Schriftenreihe des Bundesministeriums
für Familie, Senioren, Frauen und Jugend. Band 219. Stuttgart, 2002. S. 100-120.

Mangler 2000:
Mangler, Wolf-Dieter: Grundlagen und Probleme der Organisation. Arbeitsbuch für Studium und Praxis. Köln, 2000.

Maykus 2000:
Maykus, Stephan: Der Modus "Handlungsbezogene Reflexion" - Methodisches Handeln in der Heimerziehung. Begründung und Skizzierung eines speziellen Tätigkeitsprofils in stationärer erzieherischer Hilfe. In: Archiv für Wissenschaft und Praxis der sozialen Arbeit. Hrsg. von Bock, Teresa. 31. Jg., Heft 2. Frankfurt am Main, 2000. S. 155-174.

Merchel 1998a:
Merchel, Joachim: Zwischen Effizienzsteigerung, fachlicher Weiterentwicklung und Technokratisierung. Zum sozialpolitischen und fachpolitischen Kontext der Qualitätsdebatte in der Jugendhilfe. In: Merchel, Joachim (Hrsg.): Qualität in der Jugendhilfe. Münster, 1998. S. 20-42.

Merchel 1998b:
Merchel, Joachim: Qualitätsbewertung in der Heimerziehung. In: Merchel, Joachim (Hrsg.): Qualität in der Jugendhilfe. Münster, 1998. S. 244-263.

Merchel 1999:
Merchel, Joachim: Die Qualitätsentwicklungsvereinbarung. Welche Anforderungen sind an die Akteure in der Praxis zu stellen? In: Kröger, Rainer (Hrsg.): Leistung, Entgelt und Qualitätsentwicklung in der Jugendhilfe. Neuwied/Krieftel, 1999. S. 170-185.

Merchel 2000:
Merchel, Joachim: Qualitätsentwicklung in der Erziehungshilfe. Anmerkungen zum Stellenwert der Qualitätsdiskussion und zu ihren methodischen Anforderungen. In: Merchel, Joachim (Hrsg.): Qualitätsentwicklung in Einrichtungen und Diensten der Erziehungshilfe. Frankfurt am Main, 2000. S. 11-39.

Merchel 2002:
Merchel, Joachim: Kernfragen der Qualitätsentwicklung und Anforderungen an die professionelle Handlungskompetenz in der Sozialen Arbeit. In: NDV / Nachrichtendienst des Deutschen Vereins für öffentliche und private Fürsorge. Hrsg. von Deufel, Konrad. 82. Jg., Heft 4. Frankfurt am Main, 2002. S. 126-134.

Merchel 2003:
Merchel, Joachim: "Qualitätssteuerung" über "Qualitätswettbewerb" – eine realistische und angemessene Perspektive für die Erziehungshilfe? In: Sozialpädagogisches Institut im SOS-Kinderdorf e.V. (Hrsg.): Qualitätsentwicklung und Qualitätswettbewerb. Reihe: SPI-Schriftenreihe. Dokumentation 2. München, 2003. S. 57-71.

Münder/u.a. 1998:
Münder, Johannes; Jordan, E.; Kreft, D.; Lakies, Th.; Lauer, H.; Proksch, R.; Schäfer, K.: Frankfurter Lehr- und Praxiskommentar zum KJHG / SGB VIII. Gesetzesstand 1.1.1999. Münster, 3., völlig überarbeitete Auflage 1998.

Ottmann/Riepe-Lahrmann 1999:
Ottmann, Stefan; Riepe-Lahrmann, Annette: Die Leistungsvereinbarung aus der Sicht eines öffentlichen Trägers. Was heißt nachvollziehbar, transparent und plausibel darstellbar im Zusammenhang mit der Entgeltvereinbarung? In: Kröger, Rainer (Hrsg.): Leistung, Entgelt und Qualitätsentwicklung in der Jugendhilfe. Neuwied/Krieftel, 1999. S. 98-122.

Pawelleck 1998:
Pawelleck, Thomas: Mit Qualitätsmanagement die Ressourcen der Einrichtung nutzen. Reihe: Qs – Materialien zur Qualitätssicherung in der Kinder- und Jugendhilfe. Hrsg. vom BMFSFJ. Heft 18. Berlin, 1998. S. 8-27.

Pawelleck/u.a. 2000:
Pawelleck, Thomas; Hillebrand, Egon; u.a.: Qualitätsmanagement und Zertifizierung nach DIN EN ISO 9000 ff.. Praxiserfahrungen in Einrichtungen der Heimerziehung. In: Merchel, Joachim (Hrsg.): Qualitätsentwicklung in Einrichtungen und Diensten der Erziehungshilfe. Frankfurt am Main, 2000. S. 52–86.

Petermann 2002:
Petermann, Franz: Die Jugendhilfe-Effekte-Studie - Hintergründe und Einordnung. In: BMFSFJ (Hrsg.): Effekte erzieherischer Hilfen und ihre Hintergründe. Reihe: Schriftenreihe des Bundesministeriums für Familie, Senioren, Frauen und Jugend. Band 219. Stuttgart, 2002. S. 49-69.

Petermann/Petermann 2000:
Petermann, Ulrike; Petermann, Franz: Training mit Jugendlichen in der Heimerziehung. In: Archiv für Wissenschaft und Praxis der sozialen Arbeit. Hrsg. von Bock, Teresa. 31. Jg., Heft 2. Frankfurt am Main, 2000. S. 175-191.

Post 2002:
Post, Wolfgang: Erziehung im Heim. Perspektiven der Heimerziehung im System der Jugendhilfe. Weinheim/München, 2., überarbeitete Auflage 2002.

Pothmann/Schilling 2002:
Pothmann, Jens; Schilling, Matthias: HzE Bericht 2000. Entwicklung und Stand der Hilfen zur Erziehung in Nordrhein-Westfalen. Hrsg. von der Dortmunder Arbeitsstelle Kinder- & Jugendhilfestatistik / AKJStat. Dortmund, 2002.

Reckert 1998:
Reckert, Wilfried: Hochseilakt und Allerweltsgeschehen. Widerspruchserfahrungen im Erziehungshilfealltag und die professionelle Notwendigkeit der Balance. In: Sozialmagazin. Die Zeitschrift für Soziale Arbeit. Hrsg. von der Juventa Verlag GmbH. 23. Jg., Heft 9. Weinheim, 1998. S. 22-30.

Riet/Wouters 2002:
Riet, Nora van; Wouters, Harry: Case Management. Ein Lehr- und Arbeitsbuch über die Organisation und Koordination von Leistungen im Sozial- und Gesundheitswesen. Luzern, 2002.

Schilling 2001:
Schilling, Matthias: § 99 SGB VIII Erhebungsmerkmale. In: Fieseler, Gerhard; Schleicher, Hans (Hrsg.): Kinder und Jugendhilferecht. Gemeinschaftskommentar zum SGB VIII. Band 2. 12. Auflage 2002. Neuwied/Krieftel, Aktualisierung Juli 2001. § 99 SGB VIII.

Schmidt 2002a:
Schmidt, Martin: Ergebnisse im Überblick. In: BMFSFJ (Hrsg.): Effekte erzieherischer Hilfen und ihre Hintergründe. Reihe: Schriftenreihe des Bundesministeriums für Familie, Senioren, Frauen und Jugend. Band 219. Stuttgart, 2002. S. 17-48.

Schmidt 2002b:
Schmidt, Martin: Diskussion der Ergebnisse unter Praxisaspekten. In: BMFSFJ (Hrsg.): Effekte erzieherischer Hilfen und ihre Hintergründe. Reihe: Schriftenreihe des Bundesministeriums für Familie, Senioren, Frauen und Jugend. Band 219. Stuttgart, 2002. S. 516-546.

Schnadt/u.a. 2001:
Schnadt, Pia; Vock, Rainer; Bölke, Claus; Kaiser, Angela; Müller, Sabine; Oschem, Stefan: Individuelle Förderplanung in der Benachteiligtenförderung. Teil 1 – Verfahren und institutionelle Bedingungen der Förderplanung. Reihe: hiba-Weiterbildung. Hrsg. vom heidelberger institut beruf und arbeit. Band 10/59. Heidelberg, 2., durchgesehene Auflage 2001.

Schneider 2002a:
Schneider, Karsten: Verlaufs- und Abschlußerhebung - Prozessmerkmale von Erziehungshilfen. In: BMFSFJ (Hrsg.): Effekte erzieherischer Hilfen und ihre Hintergründe. Reihe: Schriftenreihe des Bundesministeriums für Familie, Senioren, Frauen und Jugend. Band 219. Stuttgart, 2002. S. 121-140.

Schneider 2002b:
Schneider, Karsten: Effekte im Hilfeartvergleich und ihre Hintergründe. In: BMFSFJ (Hrsg.): Effekte erzieherischer Hilfen und ihre Hintergründe. Reihe: Schriftenreihe des Bundesministeriums für Familie, Senioren, Frauen und Jugend. Band 219. Stuttgart, 2002. S. 302-398.

Schneider 2002c:
Schneider, Karsten: Abbrüche - Begleitumstände und Hintergründe. In: BMFSFJ (Hrsg.): Effekte erzieherischer Hilfen und ihre Hintergründe. Reihe: Schriftenreihe des Bundesministeriums für Familie, Senioren, Frauen und Jugend. Band 219. Stuttgart, 2002. S. 399-440.

Schneider/Hölzl 2002:
Schneider, Karsten; Hölzl, Heinrich: Ausgangserhebung - Ausgangslage der Adressaten und Hilfeplanung. In: BMFSFJ (Hrsg.): Effekte erzieherischer Hilfen und ihre Hintergründe. Reihe: Schriftenreihe des Bundesministeriums für Familie, Senioren, Frauen und Jugend. Band 219. Stuttgart, 2002. S. 81-99.

Schreyer-Schubert/u.a. 2000:
Schreyer-Schubert, Anne; Hanselmann, Paul; Friz, Albrecht: Leitfaden für Qualitätsbeauftragte. Reihe: Qs – Materialien zur Qualitätssicherung in der Kinder- und Jugendhilfe. Hrsg. vom BMFSFJ. Heft Qs 28. Berlin, 2000.

Schumacher, Stephan 2002:
Schumacher, Stephan: Wissensmanagement in Non-Profit-Organisationen. Wissen ist ein zentraler Erfolgsfaktor Ihrer Organisation. In: Beck, Martin (Hrsg.): Handbuch Sozialmanagement. Band 1. Stand 11/2002. Stuttgart/Berlin, 2002. Kapitel A 4.5.

Schumacher, Thomas 1999:
Schumacher, Thomas: Aggression – Alltagsgeschäft in der Heimerziehung. In: Soziale Arbeit. Hrsg. vom Deutschen Zentralinstitut für soziale Fragen und Senatsverwaltung für Gesundheit, Soziales und Verbraucherschutz des Landes Berlin. 48. Jg., Heft 3. Berlin, 1999. S. 81-87.

Schwabe 1998:
Schwabe, Mathias: Konfrontieren, kontrollieren, Grenzen setzen. "Dirty Work" oder unverzichtbare Elemente einer alltagsorientierten Erziehungshilfe? In: Forum Erziehungshilfen. Hrsg. von der Internationalen Gesellschaft für erzieherische Hilfen (IGfH). 4. Jg., Heft 4. Münster, 1998. S. 235-245.

Sierke 2002:
Sierke, Bernt: Mission und Vision umsetzen. In: SOCIALmanagement. Zeitschrift für Sozialwirtschaft. Hrsg. von Becher, Berthold; u.a.. 12. Jg., Heft 2. Baden-Baden, 2002. S. 14-17.

Sohst-Westphal 1999:
Sohst-Westphal, Petra: "Gerechte Gemeinschaften" – ein Mitbestimmungskonzept wirkt. Ein Modellprojekt zum Erlernen demokratischer Konfliktlösungen in der Jugendhilfe. In: Kriener, Martina; Petersen, Kerstin (Hrsg.): Beteiligung in der Jugendhilfepraxis. Münster, 1999. S. 144-156.

Spiegel 2000a:
Spiegel, Hiltrud von: Arbeitshilfen zur Qualitätsentwicklung. In: Spiegel, Hiltrud von (Hrsg.): Jugendarbeit mit Erfolg. Münster, 2000. S. 25-105.

Spiegel 2000b:
Spiegel, Hiltrud von: Glossar. In: Spiegel, Hiltrud von (Hrsg.): Jugendarbeit mit Erfolg. Münster, 2000. S. 175-192.

Standorf 1999:
Standorf, Wolfgang: Der geplante Übergang in die Familie nach mehrjähriger Erziehung im Heim. In: Forum Erziehungshilfen. Hrsg. von der Internationalen Gesellschaft für erzieherische Hilfen (IGfH). 5. Jg., Heft 5. Münster, 1999. S. 270-274.

Statistisches Bundesamt 2002:
Statistisches Bundesamt (Hrsg.): Statistik der Kinder- und Jugendhilfe 2000. Arbeitsunterlagen. In: www.infothek.paritaet.org/pid/fachinfos.nsf/ f5e1c2d6a2d2478ac1256a02004ec1d2/f433eae70e1cd5b0c1256bc700510477/$FILE/ HzE.PDF. Ausdruck vom 26.02.2003. Ins Netz gestellt am 28.05.2002. Berlin, 2002.

Steinke 1991:
Steinke, Thomas: Therapie im Heim. In: Planungsgruppe PETRA (Hrsg.): Analyse von Leistungsfeldern der Heimerziehung. Reihe: Studien zur Jugend- und Familienforschung. Hrsg. von Petermann, Franz. Band 1. Frankfurt am Main, 3. Auflage 1991. S. 373-420.

Struck 1999:
Struck, Norbert: Die Qualitätsdiskussion in der Jugendhilfe in Deutschland. In: Sozialpädagogisches Institut im SOS-Kinderdorf e.V. (Hrsg.): Qualitätsmanagement in der Jugendhilfe. Reihe: SPI-Schriftenreihe. Autorenband 1. München, 1999. S. 6-21.

Struzyna 2002:
Struzyna, Karl-Heinz: Wirkungsorientierte Finanzierungsformen – Teil 2. In: Schröder, Jan (Hrsg.): Wirkungsorientierte Gestaltung von Qualitätsentwicklungs-, Leistungs- und Entgeltvereinbarungen nach § 78a ff. Expertengespräch, Dokumentation. In: www.jsbgmbh.de/jugend.html. Ausdruck vom 23.01.2003. Bonn, 2002. S. 40-56.

Thimm 2002:
Thimm, Karlheinz: Fallverstehen in den Hilfen zur Erziehung. In: unsere jugend. Die Zeitschrift für Studium und Praxis der Sozialpädagogik. Hrsg. von Mehringer, Andreas; u.a.. 54. Jg., Heft 10. München, 2002. S. 410-417.

Vock 1998:
Vock, Rainer: Qualitätsmanagement für Qualifizierungs- und Beschäftigungsunternehmen. Teil 1 - Theoretische und methodische Grundlagen. Reihe: hiba-Weiterbildung. Hrsg. vom heidelberger institut beruf und arbeit. Band 20/06. Heidelberg, 1998.

Vock 1999:
Vock, Rainer: Selbstevaluation in Qualifizierungs- und Beschäftigungsprojekten. Teil 1 - Theoretische und methodische Grundlagen. Reihe: hiba-Weiterbildung. Hrsg. vom heidelberger institut beruf und arbeit. Band 20/04. Heidelberg, unveränderte Neuauflage 1999.

Vock 2001:
Vock, Rainer: Qualitätsmanagement für Qualifizierungs- und Beschäftigungsunternehmen. Teil 3 - Anwendungstechniken und Erfahrungen aus der Praxis. Reihe: hiba-Weiterbildung. Hrsg. vom heidelberger institut beruf und arbeit. Band 20/08. Heidelberg, 2001.

Vomberg 2002a:
Vomberg, Edeltraud: Zur Aktualität der Debatte um Qualitätsmanagement in der sozialen Arbeit. In: Vomberg, Edeltraud (Hrsg.): Qualitätsmanagement als Zukunftsstrategie für die Soziale Arbeit. Reihe: Schriften des Fachbereiches Sozialwesen an der Hochschule Niederrhein Mönchengladbach. Hrsg. vom Dekan des Fachbereiches Sozialwesen. Band 32. Mönchengladbach, 2002. S. 11-39.

Vomberg 2002b:
Vomberg, Edeltraud: Mit dem EFQM-Modell für Excellence Qualität in der Sozialen Arbeit entwickeln. In: Vomberg, Edeltraud (Hrsg.): Qualitätsmanagement als Zukunftsstrategie für die Soziale Arbeit. Reihe: Schriften des Fachbereiches Sozialwesen an der Hochschule Niederrhein Mönchengladbach. Hrsg. vom Dekan des Fachbereiches Sozialwesen. Band 32. Mönchengladbach, 2002. S. 59-82.

Walta/Pfeiffer 1999:
Walta, Petra; Pfeiffer, Klaus-Peter: "Hier kommt keiner unbeteiligt raus." Erfahrungen in der Auseinandersetzung mit Beteiligung im Ev. Kinder und Jugendheim Overdyck. In: Kriener, Martina; Petersen, Kerstin (Hrsg.): Beteiligung in der Jugendhilfepraxis. Münster, 1999. S. 130-143.

Weidner 2002:
Weidner, Jens: Konfrontative Pädagogik. Erziehungs-ultima-ratio im Umgang mit Mehrfachauffälligen. In: Sozialmagazin. Die Zeitschrift für Soziale Arbeit. Hrsg. von der Juventa Verlag GmbH. 27. Jg., Heft 2. Weinheim, 2002. S. 39-45.

Wendt 2002:
Wendt, Wolf Rainer: Anwendungsfähig. In: SOCIALmanagement. Zeitschrift für Sozialwirtschaft. Hrsg. von Becher, Berthold; u.a.. 12. Jg., Heft 2. Baden-Baden, 2002. S. 18-23.

Winterstein 2003:
Winterstein, Hans: Der europäische Weg. In: SOCIALmanagement. Zeitschrift für Sozialwirtschaft. Hrsg. von Becher, Berthold; u.a.. 13. Jg., Heft 2. Baden-Baden, 2003. S. 26-28.

Wolf 1995:
Wolf, Klaus: Veränderungen in der Heimerziehungspraxis - Die großen Linien. In: Wolf, Klaus (Hrsg.): Entwicklungen in der Heimerziehung. Münster, 2. Auflage 1995. S. 12-64.

Wolf 1999:
Wolf, Klaus: Machtprozesse in der Heimerziehung. Eine qualitative Studie über ein Setting klassischer Heimerziehung. Reihe: Forschung & Praxis in der Sozialen Arbeit. Hrsg. von Birtsch, Vera; u.a.. Band 2. Münster, 1999.

Wolf 2002:
Wolf, Klaus: Erziehung zur Selbständigkeit in Familie und Heim. Münster, 2002.

ibidem-Verlag

Melchiorstr. 15

D-70439 Stuttgart

info@ibidem-verlag.de

www.ibidem-verlag.de
www.edition-noema.de
www.autorenbetreuung.de